本研究为2021年湖北省教育厅科研计划项目（Q20212203）阶段性成果

社会保险税费征管体制改革研究

基于国内现状与国际比较

严 妮 著

九州出版社 JIUZHOUPRESS 全国百佳图书出版单位

图书在版编目（CIP）数据

社会保险税费征管体制改革研究：基于国内现状与国际比较／严妮著. --北京：九州出版社，2022.7

ISBN 978-7-5225-0962-4

Ⅰ．①社… Ⅱ．①严… Ⅲ．①社会保险税–税收改革–对比研究–世界 Ⅳ．①F810.424

中国版本图书馆 CIP 数据核字（2022）第 102761 号

社会保险税费征管体制改革研究：基于国内现状与国际比较

作　　者　严　妮　著
责任编辑　习　欣
出版发行　九州出版社
地　　址　北京市西城区阜外大街甲 35 号（100037）
发行电话　（010）68992190/3/5/6
网　　址　www.jiuzhoupress.com
印　　刷　北京九州迅驰传媒文化有限公司
开　　本　720 毫米 × 1020 毫米　16 开
印　　张　12.25
字　　数　184 千字
版　　次　2022 年 8 月第 1 版
印　　次　2022 年 8 月第 1 次印刷
书　　号　ISBN 978-7-5225-0962-4
定　　价　48.00 元

中国社会保险费征管体制的改革与思考
（代序言）

2008—2015 年期间，我在湖北省原地方税务局工作，亲身经历了湖北省社保费地税征收的跨越式发展历程。工作实践给我的一个重要启示是，建立科学、有效且适合国情的社保费征管体系，既是一个理论问题，更是一个实践问题。我国于 1999 年 1 月颁布《社会保险费征缴暂行条例》，规定劳动保障部门负责全国社保费征缴管理。到 2018 年 7 月，《国税地税征管体制改革方案》明确将基本养老保险费、基本医疗保险费、失业保险费、工伤保险费、生育保险费等各项社保费交由税务部门统一征收。其间 20 年的实践探索，从中央到地方，不论是理论还是实践部门，对建立一个什么样的社保费征管体制，都经历了一个认识逐步深化的过程。

众所周知，中国社会保险体系由基本养老保险、基本医疗保险、失业保险、工伤保险和生育保险等五大险种构成。其中，基本养老保险又分为企业职工基本养老保险、机关事业单位基本养老保险和城乡居民养老保险三大类；基本医疗保险分为职工基本医疗保险和城乡居民基本医疗保险两大类。在我国社会保险体系建立的初期阶段，由于历史的原因，上述八类险种分别由各地的劳动社保、财政税务、计生卫生、工会等政府职能部门进行征收，实行自收自支，自行管理。换言之，我国实行的是"多龙治水"的社保费征管体制。

这种体制的主要弊端有以下三方面：一是税务以外的征管部门往往把征收社保费视作"副业"，在指导思想上不够重视社保费征收工作；二是由于这些部门不是专业征收部门，不具备专业的征管组织、征管队伍、征管技术、征管信息、征管手段和征管能力，难以保证社保费依法、足额、及时的征缴入库；三是社保费征管体制实行"多龙治水"，必然产生地区之间、企业之间、缴费人之间在政策力度、征管力度和保费负担等方面的不统一，不仅导致该收的社保费收不起来，而且扭曲了全国统一的社保费政策，使我国社保费征缴制度长期陷于"高费率—窄费基—松征管—低收入"恶性循环，养老保险收支的缺口越来越大，"穿底"地区越来越多，严重威胁着我国社保基金运行安全。

为了解决上述问题，2008 年，中央有关部门在总结一些地区"税务征收社保费"试点经验的基础上，提出建立税务征收、人社发放、财政管理、审计监督"四位一体"社保费征管体制，随后，改革试点在全国陆续展开。2012 年，在全国 31 个省、自治区、直辖市以及新疆建设兵团、5 个计划单列市共 37 个征缴地区中，已有河北、内蒙古、辽宁、黑龙江、江苏、浙江、安徽、福建、湖北、湖南、广东、海南、重庆、云南、陕西、甘肃、青海、宁夏等 18 个省（自治区、直辖市），以及大连、宁波、厦门 3 个计划单列市共 21 个地区，开始由地方税务机关负责征收全部或部分的社保费。其他地区则仍然采取由社保经办机构等部门负责社保费征缴工作（包括登记、审核、征缴、追欠、划拨、记账等）。

在实行税务征收的 21 个地区，其具体征收范围和征收方式存在很大差异。从征收险种的范围看，大多数地区税务机关只负责企业、单位社保费的征收工作，而个人缴纳的社保费由于征收困难，仍由人社部门负责。大致分为五种情况：一是税务机关负责本辖区全部社保费的征收工作；二是税务机关原则上负责所有险种的征收工作，但其中又混杂着社保经办机构征收部分地区或部分行业的某些险种；三是部分地区养老和失业保险全部由税务机关征收，而医疗、工伤、生育保险由社保经办机构征收；四是税务机关只征收部分企业或行业的养老保险，例如税务部门只征收外商投资企业的养老保险；五是随着城镇居民基本医疗保险、新型农村合作医疗、城乡居民基本养老保险等制度的逐步建立，在全国部分地区，除了税务机关和社保经办机构外，还出现了财政、卫生等其他征收主体，形成了新的多元征收主体格局。

从税务征收方式看，主要有核征分离和企业自行申报两种模式。所谓核征分离，即由社保经办机构核定、税务部门征收的模式。自行申报模式，是由企业按规定的费率自行向税务机关申报缴纳社会保险费。实行这一模式的省市，起先都实行过核征分离模式，随后才转向自行申报模式。

社保费税务征收的改革成效是非常显著的。以湖北省为例，从 2001 年开始改革试点到 2010 年的 10 年间，全省养老、医疗保险（含城镇居民）参保人数分别增长了 119% 和 624%；累计征收入库社会保险费 2690.25 亿元，年均增幅超过 20%。但是，由于各种原因，全国社保费税务征收改革进展不平衡，仍有三分之一的省（自治区、直辖市）没有启动改革，而且，即使是改革先行地区，社保"五险"也未完全交由税务机关"统一征收"，更遑论"全责征收"了。然而，不论是理论分析还是国际惯例，或是从现实的国情需要看，社保费由税务机关统一征收和全责征收，都是改革之势，发展之需。按照统一征收的原则，所有的社会保险费都应该由税务部门征收，从体制上破解社保"五险"由各政府部门分别征收、自收自支、自行管理的"多龙治水"格局。所谓全责征收，就是要将社会保险费从登记、核定、征收到日常管理等都交由税务部门负责，真正实现社会保险费与税收的同征、同管、同查、同考核。

从宏观上看，社保费由税务机关统一征收和全责征收，具有历史的必然性和现实的必要性。首先，它符合世界上大多数国家的通常做法。在已建立社会保障制度的 170 多个国家中，大多数国家开征了社会保障税。在欧美国家，政府的第一大收入来源是个人所得税，第二大收入来源就是社保税（费）。社保税（费）主要由税务部门统一征收。其次，有利于发挥税务征管优势。当今世界已进入信息社会，"人海战""手提肩扛"式的征收方式已不能适应时代要求。税务机关专司征收职责，拥有先进的信息系统，征管网络健全，执法刚性强，征收力度大。由税务部门统一征收社会保险费，可以有效发挥专业优势，实行税费"同征同管同查同考核"，加大征收力度，提高征缴效率，降低征收成本。第三，由税务部门统一征收、全责征收社保费，有利于建立税务征收、劳动发放、财政管理、审计监督"四位一体"的社保基金征管体制，便于各部门各负其责、相互监督、相互制约，避免多头设置过渡账户，确保社保资金安全。

从湖北等改革先行省（自治区、直辖市）的试点经验看，社保费由税务机关统一征收和全责征收，还有利于社保扩面征缴，避免企业选择性缴费；有利于鼓励企业足额缴费，促进企业公平竞争。同时，可以为缴费人提供最大的缴费便利。近些年来，各地税务部门积极探索多元化的缴费方式，努力搭建个人高速缴费平台，已经形成了一整套成熟的"大厅征收、同城通缴""网上缴费、直达金库""税银协作、就近缴纳""单位缴费、汇总入库"等多元化的缴费体系。目前，一些地市还实现了刷卡缴费、电话缴费、网上缴费。这样，缴费人无论在哪里，都可实现缴费足不出户，有效解决异地缴费难的问题。

党的十九大确立了税收在国家治理中的基础性、支柱性、保障性地位和作用，加快推进税务部门统一、全责征收社保费的全面改革，事关经济发展和民生福祉，意义重大。2018 年 7 月，中共中央办公厅、国务院印发了《国税地税征管体制改革方案》，明确将基本养老保险费、基本医疗保险费、失业保险费、工伤保险费、生育保险费等各项社保费交由税务部门统一征收，标志着我国社保费税务征管体制正式确立。在这样的背景下，2019—2020 年，湖北经济学院蔡红英教授牵头组织湖北经济学院、中南财经政法大学、湖北省社科院和湖北省税务局等单位的青年学者和博士研究生，承接完成了国家税务总局重点课题"世界主要经济体社会保险税（费）征管研究"，其中，湖北经济学院青年教师严妮博士是课题研究的主要成员和主要执笔人之一。呈现在读者面前的《社会保险税费征管体制改革研究》一书，是严妮博士在原课题基础上拓展耕耘、深化研究的新成果。

《社会保险税费征管体制改革研究》是目前学术界难得的一本系统研究社保费征缴体制的专业著述。该书的主要亮点：一是系统梳理了国内外关于社保费征缴模式的理论和实践；二是尝试运用逆向选择、道德风险等公共经济学范畴，构建社保费征管问题的理论分析框架，三是对样本国家的社保费征管制度进行了较为系统的解剖和利弊分析；四是在借鉴国外经验教训和对我国社保费税务征管进行 SWOT 分析的基础上，提出了如何做好我国社保费税务征管工作的对策建议。总之，在我国社保费税务征收改革全面推开的重要时期，严妮博士的《社会保险税费征管体制改革研究》一书出版发行，在理论和实践两个方面都是颇有价值的。

许建国

2021 年 11 月 3 日

目　录

绪　论

第一节　研究背景与意义

社会保障作为一项重要的民生制度，关系着每一个个体和家庭的福祉，它对创造和维护社会公平、推动经济成果共享与收入再分配、构建文明和谐社会起着至关重要的作用，是人民群众体会幸福感、获得感、安全感的重要纽带。党的十八大以来，在党中央、国务院高度重视、有效领导和全面决策部署之下，社会各界在以社会保险为核心的社会保障发展领域持续发力，并取得了明显进展。目前，我国已经建立起以基本养老保险、基本医疗保险、工伤保险、失业保险、生育保险为主体的城镇职工社会保险体系，长期护理保险制度正在试点探索中，城乡居民的基本养老保险和基本医疗保险也基本实现全覆盖，这对解除劳动者"生老病死"的后顾之忧发挥了重要作用，是人们生活的"安全网"、社会矛盾的"调节器"和经济发展的"助推器"。然而，一项持续可行的社会保险制度离不开运行良好的经办管理系统，它涉及参保登记、基数核定与缴费、税费征收、账户和基金管理、待遇核算与给付、关系转移与接续等重要程序，其中，社保①财务的可持续性和制度的稳定发展取决于社保费征管的有效性。征管体制问题既关系到社保事业健康长效发展，同时也影响到参保单位特别是参保企业的

---

① 在中国的社会保障体系中，社会福利、社会救助和社会优抚主要依赖于财政收入中的税收作为其资金来源，具有明显的政府支出单向性和无偿性，主要由税务部门征收；而社会保险主要依赖于参保个人和单位缴费进行筹资，政府给予适当补贴，缴费部分主要由征管机构进行征收。

1

生产经营活动，更关系着每一个参保者的切身利益。

早在1999年，国务院颁布的《社会保险费征缴暂行条例》就规定，社会保险费征收机构由省、自治区、直辖市人民政府确定，既可以由劳动保障部门设立的社会保险经办机构征收，也可以由税务机关等部门征收。随后，全国各地逐步形成了以社保经办机构和税务部门为主体、其他有关部门参与的社保费征管体制。按照2011年实施的《中华人民共和国社会保险法》规定，县级以上人民政府应加强对社会保险费的征收工作，各项社会保险费实行统一征收。根据2013年人力资源和社会保障部制定的《社会保险费申报缴纳管理规定》，社会保险经办机构负责社会保险缴费的申报、核定工作，具体征收单位凡是由各省、自治区、直辖市人民政府决定交由社会保险经办机构征收的，社会保险经办机构应当依法征收社会保险费；在缴费方面，用人单位应当持社会保险经办机构出具的缴费通知单在规定的期限内缴纳社会保险费，其缴纳方式包括两种：一种是到开户银行或者其他金融机构缴纳；另一种是与社会保险经办机构约定其他缴费方式。综合以上法律法规和相关政策规定，长期以来，我国社会保险费征收实行不同的征管模式，部分地区以社会保险经办机构为主要征收主体，部分地区则以税务部门为征收主体。

为了构建优化、高效、统一的税收征管体系，为高质量推进新时代税收现代化提供有力的制度保证，更好地发挥税收在国家治理中的基础性、支柱性、保障性作用，国家决定进行国税地税征管体制改革。2018年7月，根据中共中央办公厅、国务院办公厅关于《国税地税征管体制改革方案》规定，全面贯彻党的十九大和十九届二中、三中全会精神，以习近平新时代中国特色社会主义思想为指导，以加强党的全面领导为统领，合并省级和省级以下国税地税机构，并将原来由其他政府部门负责征收的社会保险费和非税收入职责，统一改由合并后的税务部门征收管理。在社会保险费方面，明确从2019年1月1日起，将基本养老保险费、基本医疗保险费、失业保险费、工伤保险费、生育保险费等各项社会保险费交由税务部门统一征收。同时，国务院办公厅《关于做好社会保险费和非税收入征管职责划转工作的指导意见》要求，社会保险费和非税收入征管职责划转到税务部门需要进一步明确部门间职责分工，规范征缴管理和流程，提高征缴效率，降低征缴成本，优化缴费服务。

　　显然，社保费征管体制调整是涉及国家财政税收、社保治理体系的一项重大改革，能否有效地推进和完成这项改革，实现征收主体的顺利转换和征收过程的平稳接续，关系着我国社会保险制度的稳定性和可持续性发展。然而，社保费征管体制的改革，并不只是征收主体的转换这么简单，它既涉及税务机构组织安排和责权划分的重构，也涉及社保部门功能的优化和管理制度的完善，包含了经办主体责任的调整、征管程序的规范化、征收基数管理的严谨性、社保覆盖范围的扩容、部门间协作与相互监管等一系列问题，因而，这种转变并不是一蹴而就的。从现有的实践看，社保费征管体制转变也面临一些阻碍或困难，税务部门征管的立法依据不足，社保费率较高抑制了企业参保缴费的积极性，统筹层次低降低了征管的便捷性，经办征管的程序有待进一步规范，征收机构设置、人才队伍和信息化建设有待完善，部门间沟通协作渠道不畅等，需要深入研究问题产生的原因及解决路径或措施。

　　从某种意义上讲，社会保险税或费的征管模式选择既需要一定的理论依据，但更是一个历史习惯和制度实践综合决定的结果。因此，国外学术界关于社会保险税或费应当由谁征收、如何征管的问题，在理论上研究不多，主要是实务部门对其进行了探讨，如2003年国际货币基金组织和世界银行在华盛顿组织了一次研讨，探索不同社保税费征收方式的优缺点和机构转变面临的挑战；同年11月，国际劳工组织（ILO）和相关国家的社会管理机构、雇主和工会代表也就相同的主题进行了讨论；2004年6月，国际社会保障协会（ISSA）①在波兰举行的会议也讨论了社会保障管理结构变化和税费有效征缴的问题。国内研究的现状是"三多三少"，即研究内容上关于社保筹资形式的研究较多，关于征管方式的研究相对较少；研究对象上对社保税费的实体性制度研究得多，程序性征管制度研究得少；国际比较方面，分国别、单项介绍社会保险税或费的多，综合性研究各国征管制度的较少。从世界范围看，社会保险税费是经济发达国家直接税的重要税种，由于该税费性质特殊，它究竟应当由哪一个部门征收以及如何征管，

────────────

　　①　国际社会保障协会（ISSA）成立于1927年，是世界领先的国际组织，在近150个国家/地区拥有约340个成员组织。该协会汇集了各国社会保障管理部门、主管机构和经办机构。国际社会保障协会为其会员国提供相关信息、研究成果、专家建议和互助平台，在世界范围内促进社会保障体系和政策的推进。

各国因不同国情，形成了不同的征管模式，但在社保制度的建设和改革中，征收管理问题往往没有得到足够的重视，部分国家也因征管过程中的遵从度低、效率低下、管理不善等问题而备受困扰。

在我国社会保险费征管模式转型的现阶段，对世界主要经济体的社会保险税或费征管制度进行系统性研究，并结合我国社会保险制度发展的过程、征管体制的演变和实践中存在的问题，提出如何建立和完善我国社会保险费税务部门征管体系的政策建议，具有重大意义。一方面，社保税费征管体制研究具有重要的理论意义。第一，本研究将系统梳理学界关于社保税费征管形式和征收主体的相关研究，总结学者们对社保税费征收形式和征收主体的不同看法及其依据，分析其合理性及可能存在的不足，为全面认识社保费提供文献基础；第二，本研究将基于不同的理论深入认识社保费征缴的本质问题，从公共产品、逆向选择等理论出发，明晰"税费之争"的核心及其在征管层面的意义，从道德风险视角分析社保税费征缴过程中不同主体可能存在的道德危机问题及规避措施，基于社保税费征管与经济发展之间的关系分析实现征管主体顺利转移的必要条件，并从社会治理视角探索税务部门征管的现实性和必要性。另一方面，社保税费征管体制研究也对实践具有指导意义。第一，本研究将具体分析我国社保费征缴方式转变的过程，结合不同地区分析我国社保费征管模式的构成、特点和现状，明确当前税务部门征管的优势与劣势，分析征管主体转变面临的机遇与挑战；第二，本研究还将系统梳理国际上社保制度模式、筹资形式、特点及征管制度的形成，着重分析不同模式的代表性国家社保税费征管体制现状和主要流程，比较分析不同征管模式的利弊，有利于进一步从实践层面明确社保费征管过程和各自的特点，供我国比较借鉴；第三，基于国内现状和国际经验，为实现我国社保费税务部门征收模式的成功转型提出制度设计、路径选择和征管措施等方面的对策建议。

第二节　研究目的与方法

本研究的目的在于：第一，明确世界范围内社保税费征缴的主要模式构成及其特点，有助于全面认识税务部门征管的可行性；第二，梳理我国社保费征管的形成过程和各地区征管主体转变的进程与现状，明确税务部门征收社保费所面临的机遇与挑战；第三，明确代表性国家社保征管制度的优势与不足，尤其是理解国外社保"税式征管"的基本过程及对我国的借鉴；第四，结合理论分析、国内现状和国际比较，提出我国社保费转交税务部门征收的对策建议。

为了达成以上研究目的，本研究主要采取以下研究方法：

第一，文献研究法。本研究通过电子期刊和书籍全面收集了关于社会保险税费征缴的相关研究，阅读梳理了文献内容，集中从两个方面对文献进行综述：一方面，筹资形式与征管方式之间有密切的关联，学界关于社会保险的筹资形式存在不同的观点，即税费之争，不同学者对我国开征社保税的依据与对策也有不同的看法；另一方面，关于征缴制度本身的研究，部分学者通过规范分析研究税务部门和社保部门在征收社保费过程中各自存在的利弊，部分学者则通过实证研究分析税务部门征收的效果及影响。通过对这些文献的阅读、梳理和总结，有助于明确研究现状及进展，更好地掌握国内外研究动态。

第二，比较分析法。本研究从多个角度运用对比分析法，比较我国社保费征管在不同阶段的发展变化，比较不同地区社保费征管体制转变进程和具体征管方式的差异，比较不同征管模式的优缺点，比较不同国家社保征管措施的差异。通过比较研究进一步明确社会保险税费征管的国内现状和国际形势，并从中吸取经验教训。

第三，案例研究法。在关于国内社会保险费征管研究的内容中，以代表性地区征管制度为例，分析具体征管过程和措施；在关于国外社会保险税费征管的内容中，分别对不同征管模式选取样本国家或地区深入分析征管过程及措施。通过案例对代表地区或国家的社保税费征管进行演绎归纳分析，为我国社会保险费征管体制建设提供依据。

第四，历史分析法。运用发展、变化的观点看待社会保险税费征管主体的转变，通过追根溯源了解不同征管模式的产生及其特点，基于我国社保制度的演变和征管制度不同发展阶段的背景和条件，结合当前税收体制改革和社保制度改革的发展现状，提出符合实际需求的社保费征管体制改革对策建议。

第三节　研究思路与内容

本研究按照"提出问题→理论分析→现状分析→国际比较→对策建议"的基本思路展开（如图 X-1）。首先，从国家政策要求与实践中存在的矛盾出发，提出本研究的问题，即如何更好地实现社会保险费征管主体的转换并建立科学的社保"税式征管"体制；其次，理论层面，对国内外关于社保筹资形式和征缴制度的研究进行梳理归纳，明确现有研究的进展；通过公共产品理论分析社会保险税费的性质及强制征收的依据，社保征管中存在的逆向选择、道德风险问题与激励机制，征管体制转变带来的经济影响，以及征管体制建设与社会治理间的关系，明确税式征管的必要性；再次，从我国社会保险制度发展历程出发，分析征管体制转变过程及历史背景，结合代表性地区的实践和案例，明确社会保险费由税务部门征管的推进进程和现状，并结合 SWOT 分析法分析税务部门征收社保费的优势、劣势、机遇及挑战；然后，从国际视角分析社会保险现有征管体制的构成，并以代表性国家为例，具体分析其征管过程，比较不同征管模式的特点；最后，结合中国的实际和国际经验，提出我国社会保险费征管体制建设的对策建议。

基于以上思路，本研究主要包含以下五个方面的内容：

第一，文献回顾与述评。首先从社保筹资形式层面理清社保税费之争，明确争论的焦点和不同学者对开征社保税的看法，进一步明确社保税和费的差异；然后从定性层面梳理不同学者对社保部门和税务部门征收社保费的优劣分析，从定量层面总结征收主体转向税务部门后对社保费征收效果的影响，从而提供定性和定量相结合的依据；最后对国外社保税费征缴主体选择的相关研究进行归纳梳理，了解国外社保征管的实践。通过文献梳理明确当前的研究现状和进展，为进一步深化本研究内容奠定基础。

第二，社会保险税费征管的理论分析。对社保税费征管的研究需要基于对社保制度模式、筹资形式的了解，本研究在对国内外文献梳理的基础上，首先从历史发展的角度回顾世界社会保险模式的主要类型，分析不同模式下筹资的特点，以及与筹资相对应的主要征管模式类型。与此同时，

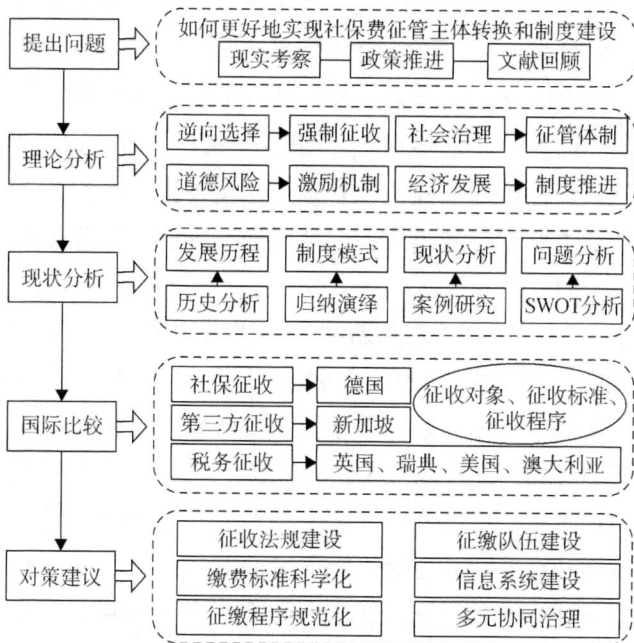

图 X-1　研究思路图

通过逆向选择理论分析社保强制征收的原因及税务部门征收的必要性；然后分析社保征管中可能存在的征收机构、缴款方和征收机构内部工作人员的道德风险问题，为征管制度设计提供依据；再次，从经济发展角度分析社保征收体制改革与减税降费、企业产能提升和促进企业公平竞争和营造良好营商环境之间的关系；最后，从社会治理视角分析社保费交由税务部门征管后对政府职能转变、多元参与格局、征缴效率提升和民生保障的重要意义。通过理论分析，更好地解释社保税式征管的必要性及在制度建设中需要关注的重要问题。

　　第三，我国社会保险费征管体制演变过程及现状。理解我国现阶段社保费征管主体的转变，离不开对我国社保制度发展演变和改革背景的清晰认识。本研究首先结合我国社会保险制度建设的过程，分析社保费征管的四个不同阶段，明确制度演变的进程及背景；在不同征管阶段发展的基础上，全国各地形成了四种不同的社保费征管模式，且各有其特点；结合具体地区的实践和改革措施来看，部分地区较早将企业社保费交由税务部门征管，部分地区则主要通过社保机构征收保费，各地转交税务部门征收的过程中还存在险种的差异；为了顺利实现社保费由不同主体征管转向税务部门统一征管，本研究进一步采用SWOT分析法明确税务机构征收社保费的优势和不足、面临的机遇和挑战，为提出合理的对策建议提供依据。

第四，世界代表性国家社保税费征管制度、措施及启示。世界各国社会保险税费征管主要有三种模式，即社保部门征管、税务部门征管和第三方机构征管，不同模式各有其特点，本研究针对三种模式分别选取了德国、英国、瑞典、美国、澳大利亚和新加坡等代表性国家，探讨其征管制度，特别是对"税式征管"模式中的代表国家进行深入分析，明确征缴对象、征收标准、征缴过程和经办管理体系。在比较社保机构和税务部门征收社保税费的优势与弊端的基础上，从立法、筹资制度、征管程序、征管服务、征管主体等方面重点分析代表性国家社会保险税费征管的特点。

第五，我国社会保险费征管体制建设的对策建议。基于我国现阶段社保费征管体制转变存在的问题和困境，结合国际社保税式征管的经验，本研究从法律法规建立、筹资标准制定、征管程序完善、征收机构建设、信息化建设和部门协同等方面提出具体的对策建议。

第一章　文献回顾与述评

社会保险筹资形式与其征缴管理体制有密切的关系，对大部分国家或地区而言，不同的筹资形式与其征管主体之间存在对应关系，即采用税收形式筹资的国家多通过税务部门征收社保税，并与其他税种共同征收，采用保费筹资的国家多通过社保部门征收社保费，或通过第三方单独征收。因此，本书重点从社会保险筹资形式和征管体制两个方面对国内外文献进行回顾、梳理与总结。对社会保险筹资形式的研究集中分析了两个方面：第一，关于筹资形式方面存在社会保险税与费之争论，不同学者表达了不同看法；第二，关于我国开征社保税的问题学者们提出了不同观点，部分学者还提出了政策构想。在社保征缴管理体制的研究中，已有文献主要从以下三个视角进行分析：一是征缴体制的理论研究，通过规范研究分析税务部门和社保部门征管的利弊；二是征缴管理的实证研究，通过量化分析反映税务部门征收社保费的效果或效率；三是国外学者对征缴管理制度实践的研究，主要分析了不同征收模式的特点和世界代表性国家社保税费征管制度的选择及其改革的趋势。

第一节　关于社会保险筹资形式的研究

社会保险制度得以发展，首先要解决"钱从哪来"的问题，收费或征税是公共政策筹资的主要形式。我国各项社会保险制度正式建立之初沿用了新中国成立初期"劳动保险"的筹资模式，即缴纳社会保险费的方式，并形成了"社会统筹+个人账户"的基金管理模式。1996 年，《国民经济和社会发展"九五"计划和 2010 年远景目标纲要》中出现了"开征社会保障税"的提法，之后，国家财政部门相关负责人在不同场合也曾表示过，将研究开征社会保障税，《社会保险法》立法工作小组的成立、法律的起草和颁布阶段也引发了关于社保税费的争论高潮（卢艺，2020）[①]；之后，学界对"费和税到底哪种筹资方式更好、我国是否应该实行社保费改税和开征社保税"等问题展开了广泛讨论，涌现了大批文献。本书以"费改税""社会保障税"等为主题或关键词进行搜索和梳理，通过中国知网对文献进行"计量可视化分析"，不难发现，相关研究主要集中在 20 世纪末和 21 世纪的前十年，之后也有少数学者进行追踪研究。整理分析来看，关于社保费改税主要有"反对""支持"和"中立"三种态度，且除了特殊情况外，更多的财政和税务研究者支持费改税，而更多的社会保险政策研究者反对费改税；此外，还有大量学者直接对我国开征社保税展开研究，其中部分研究探讨了开征社保税的理论依据，部分学者理性分析了开征社保税所面临的问题并提出了开征社保税的构想和对策。

一、社会保险税费之争

（一）反对费改税的研究

反对者认为，我国社保发展尚未达到费改税的条件，我们应该坚持社会保险费作为筹资形式。一方面，费和税有本质的区别，我们应该税改费而非费改税。如朱智强（2004）[②]认为，与税收相比，社保费具有有偿性，且费改税会加重部门负担，削弱多部门间的相互监督，长远看还会带来基金风险；郑秉文（2007[③]，2010[④]）在多篇文献中指出，社保缴费和缴税存在本质差别，我国不宜费改税，并从多个方面分析了费改税的弊端，全球社保改革的潮流也是税改费而非费改税，费改成税后割裂了缴费与待遇间

---

① 卢艺. 宏观历史视角下我国社会保险税费争论的评析及启示 [J]. 税收经济研究，2020，25（05）：73–81.

② 朱智强. 转轨时期中国的社会保障财政风险及其防范 [J]. 山西财政税务专科学校学报，2004（06）：3–5.

③ 郑秉文. 从国际发展趋势看我国不宜实行社会保障费改税 [J]. 宏观经济研究，2007（03）：17–21+32.

④ 郑秉文. 费改税不符合中国社会保障制度发展战略取向 [J]. 中国人民大学学报，2010，24（05）：23–30.

的联系，技术上税与统账结合的模式不相适应，税收刚性与社保灵活性之间存在矛盾，制度设计而非筹资形式制约着社保征缴能力，缴费还是征税不是影响基金安全的关键因素，费改税下统筹层次提高会带来财务风险；从政策的经济效应、财务风险、制度改革、基金管理等八个方面看费改税不可行；易菲等（2011）[①] 认为社保费改税并不能在提高收缴率、降低征收成本、扩大覆盖范围、降低基金风险等方面发挥理想中的作用，难以解决制度设计上激励不足的问题；任寿根（2018）[②] 指出，从社保的"有偿性"和"专款专用"的特点看，社保费交由税务部门征收并不意味着社保费变成了税，且国外的社保税本质上是费，应该税改费而非费改税。

另一方面，费改税并不能达到改善筹资的效果，目前开征社保税时机尚未成熟。魏凤春和郭志美（1999）[③] 认为开征社保税并不能解决社保筹资的效率和足额征缴的问题，考虑到城乡二元结构、社保法制建设不足和财政体制不完善等现实情况，开征社保税会使政府陷入困境，损害社会公平，且征管主体的归属也是一个尚未解决的问题；郑功成（2000[④]，2001[⑤]）从费改税的目的和效果两个层面进行了思考，认为社保征缴问题不是由筹资形式所决定的，社会保险制度模式、地区经济发展水平、国民经济发展状态、社保制度安排和国家财政调控能力等因素都会制约费改税的效果，因而，在审慎决策的同时费改税应当缓行或者不行；薛惠元（2006）[⑥] 对我国社保费改税提出了几点质疑：一是依靠费改税并不一定能够增强社保筹资的强制性从而减少缴费拖欠问题，二是个人账户与社会统筹相结合的筹资

---

① 易菲，龙朝阳. 社会保障费改税利弊的理性思考 [J]. 湘潭大学学报（哲学社会科学版），2011，35（04）：25-28.

② 任寿根. 社会保障费与社会保障税的本质区别 [N]. 证券时报，2018-09-25（A03）.

③ 魏凤春，郭志美. 社会保障税暂缓开征的理由 [J]. 税务与经济（长春税务学院学报），1999（05）：29-32.

④ 郑功成. 社会保险费改税应当缓行 [N]. 中国经济时报，2000-2-2.

⑤ 郑功成. 推进我国社会保障改革的几点思考 [J]. 中国软科学，2001（04）：19-22+107.

⑥ 薛惠元. 对我国现阶段社会保障费改税的质疑 [J]. 财会月刊，2006（08）：55-56.

形式与税收形式不相适应，三是社保的地区差异性和改革的灵活性与税收"三性"相矛盾，四是税收的无偿性与保障制度的权利义务统一性之间存在不一致，不利于制度的公平性，五是政府的保障力、企业的承受力和个人的阻力不利于开征社保税，六是开征社保税的心理基础不足；张欢（2007）①、吴益民（2007）②认为中国社会保障税应暂缓开征，主要是由于目前纳税人范畴不易确定、税源范围有失公正性、初始保障水平偏高、税制环境制约、法制建设不足和财政体制不完善等因素；林琦（2010）③认为目前我国不宜实施社保费改税，其理由如下：一是由于征收的规范性问题，通过费改税并不能改善筹资的效果；二是理论上税的形式更有利于实现扩大覆盖面和提升公平性的作用，但实践操作中会面临冲突；三是税收的固定性、稳定性和统一性与社保制度的变动性、渐进性、地区差异性之间存在矛盾；四是企业和劳动者之间的社保税负转嫁问题会对双方带来不利影响；五是中央税、地方税和共享税的归属问题尚未解决；刘义坚等（2016）④认为，我国开征社保税还存在隐忧，如缺乏法治基石，二元的经济社会结构制约费改税的实现，改成税以后会与当前社会统筹与个人账户的模式相冲突，政府还应承担兜底责任从而负担加重。

（二）支持费改税的研究

与第一种观点相反，大量学者支持以社保税作为筹资方式，并提倡我国的社会保险应该实行费改税。一方面，部分学者从社保费存在的问题和费改税的好处分析了改革的必要性。安体富（2007）⑤指出，社保收费的形式强制性不足、基金监管存在漏洞且征管成本高，有必要通过征税的形式提升管理的科学性、提高征收率和降低成本，前期税务机关代征社保费也

---

① 张欢，刘芳. 社会保障税应当缓征 [J]. 财政监督，2007（05）：77.

② 吴益民. 论社会保障税在中国暂缓开征的原因 [J]. 市场周刊（理论研究），2007（12）：144-145.

③ 林琦. 我国社会保险税费之争理性选择 [J]. 合作经济与科技，2010（02）：92-94.

④ 刘义圣，陈昌健. 社会保障费税改革："范式"选择与阙疑 [J]. 社会科学研究，2016（04）：51-57.

⑤ 安体富. 我国社会保险"费改税"：紧迫性、必要性和可行性 [J]. 山东经济，2007（06）：5-8.

为费改税奠定了基础；湖北省地方税务局课题组（2008）[①] 研究认为，社保制度存在筹资渠道窄、管理成本高、费源流失严重、挪用资金等诸多问题，通过费改税可以加强税收对经济的调控作用并促进公平的社会再分配，有助于提高社保统筹层次、平衡负担和促进资源有效配置；征税的方式有利于强化征缴、提高基金征缴率、确保支出，并形成事钱分管、相互监督和分权制衡的机制；陈诚等（2008）[②] 认为社保在覆盖面、筹资和资金管理等方面存在缺陷，通过费改税可以实现横向与纵向公平，减少覆盖面和保障水平的差异；2010 年"中国产经新闻"报道了张萧然的评论文章《社保费改税：不只是一字之差》[③]，指出时红秀教授的观点，即开征社保税不是在收费的基础上重复收税，而是由社保费改为社保税，不会增加百姓的负担，可以促进社保的规范性和统一性，完善社保筹资形式并提高统筹级次；贾康等（2011）[④] 认为实行费改税有利于社保收入的稳定性、基金管理的规范化、劳动力的自由流动、基金的安全和管理效率的提升，并从税收要素角度提出了社保税的设计；宋竞男（2011）[⑤] 探讨了社保费存在的问题，如缺乏强制力、不利于社会公平、公众参与度不高、职能重叠、监管困难等，而开征社保税有多方面的优点，如解决了保险金随劳动力流动的转移接续困境，减少了地区和企业间差异带来的不公平性，形成了"税务机构征收、社保部门发放、审计部门监管"的三权分立状态；臧建文等（2019）[⑥] 通过数理模型分析指出，推动社保费改税可提升社保制度的"性价比"，达到完

① 湖北省地方税务局课题组，彭继旺，黄贻芳. 费改税：我国社会保险筹资模式的理性选择——我国社会保险费改税的时机、条件与方案设计 [J]. 经济研究参考，2008（33）：25-31.

② 陈诚，邓茜. 对社会保障费改税的一些思考——从社会公平正义角度浅析我国社会保障费改税的优越性 [J]. 时代金融，2008（06）：73-75.

③ 张萧然. 社保费改税：不只是一字之差 [EB/OL]. 中国新闻网，2010-04-08. http://www.chinanews.com/cj/cj-gncj/news/2010/04-08/2215258.shtml

④ 贾康，杨良初，王玲. 实行费改税开征社会保险税的研究 [J]. 财政研究，2001（01）：25-34.

⑤ 宋竞男. 关于我国社会保险费改税的利弊讨论及可能出现问题的探讨 [J]. 现代经济信息，2011（17）：225.

⑥ 臧建文，丁文灵，孙贺晨，张平喜. 企业减税趋势下：当前社会保险费改税的精算平衡问题研究 [J]. 财政监督，2019（03）：25-34.

善社保制度、减轻企业征缴负担、增加投资与就业及提高职工收入等多重目的；吴笑晗等（2020）[1] 从当前的就业形势出发，认为社保"费"的属性降低了征收的强制性，减少了社保的覆盖面和提高了社保费率，导致企业在面临增加就业岗位和降低成本的选择时往往会选择后者，从而影响就业。

另一方面，部分学者指出社保费改税也已具备相应的条件，潜在的制度障碍可以克服。许建国（2001）[2] 分析了社保费改税的有利与不利因素，认为社保费改征税后利大于弊，且可通过配套措施的改革克服其不利因素；赵红（2010）[3] 指出，目前中国尽管不存在名义上的社保税，但却已经存在实际性的社保税，即社会化的保险收费；庞凤喜（2007[4]、2011[5]）对郑秉文关于"费改税不符合中国社会保障制度发展战略取向"的观点进行了反驳，认为社保税和费并不存在本质的区别，国际上的个人账户制度并不是税改费的趋势，从社保缴款的实质看，费改税更加合适；高培勇（2012）[6] 从社保收入、支出的性质和管理主体三个层面指出变"费"为"税"对规范社保管理有积极意义；王增文、邓大松（2012）[7] 认为我国社保制度逐渐完善和经济发展的提升为费改税提供了条件；叶姗（2012）[8] 依据税法、预算法和社会保险法等法律，分析社保费应该改为税以及社保税的具体要素；蒲晓红等（2013）[9] 认为社保费改税不会对社保统筹层次、税收体制改革、

---

① 吴笑晗，周媛. 社会保险"费改税"的思考：基于疫情影响下就业形势 [J]. 税务研究，2020（06）：37-40.

② 许建国. 社会保险"费改税"的利弊分析及改革设想 [J]. 税务研究，2001（04）：52-54.

③ 赵红. 浅谈社会保险"费"改"税" [J]. 劳动保障世界（理论版），2010（05）：23-25.

④ 庞凤喜. 论社会保险税的征收与深化社会保障制度改革的关系 [J]. 税务研究，2007（10）：43-46.

⑤ 庞凤喜. 社会保障缴款"税""费"形式选择中若干问题辨析——兼与郑秉文研究员商榷 [J]. 财政研究，2011（10）：68-71.

⑥ 高培勇. 社会保险费应变"费"为"税"[J]. 经济，2012（12）：11.

⑦ 王增文，邓大松. "费改税"——软环境与硬制度下社会保障筹资模式研究 [J]. 理论探讨，2012（05）：87-89.

⑧ 叶姗. 社会保险费改税的法律分析 [J]. 税务研究，2012（01）：52-56.

⑨ 蒲晓红，徐梓川. 我国实施社会保险费改税的障碍化解 [J]. 经济理论与经济管理，2013（06）：62-68.

政府的责任等方面产生影响，而现实存在的问题表现在个人账户、城乡居民社保制度与征税形式不相适应，改革后部门间的利益协调困难，但这些困难都是可以规避的，因而我国可以开征社保税；邓世缘（2015）[①]认为费改税的困境在于私人财产与公共基金之间的矛盾、社保专款专用与税收政策性用途的矛盾以及社保对价性和税收无偿性的矛盾，破解这些困境之道在于转换理念，建立公共财产权和公共信托制度，更合理地实现公共与私人财产的转化；臧建文（2018）[②]对学界提出的"税收'无偿性'与社保'有偿性'存在矛盾从而只能缴费不能征税"的说法进行了反思，从社保本身的性质出发认为社保具有较为鲜明的税的性质。童洁等人（2015）[③]采用PEST-SWOT分析法研究了我国农村养老保险费改税面临的宏观政治、经济、社会和技术层面的优势、劣势、机遇和挑战，并认为实施费改税有利于农村养老保险制度的发展，也有助于实现城乡税制一体化。

（三）持中立态度的研究

还有少数学者持折中的看法。一方面，认为可采取税费结合的方式进行社保筹资，如李永成等（2004）[④]对我国社保费改税的必要性进行了辩证反思，认为社会统筹和个人账户相结合的部分积累制筹资模式下，可实行费改税的是社会统筹部分，而个人账户部分并不具有可税性，建立社保税立法是一个渐进的过程，需要形成从费到税的平稳过渡；2010年，中国社会科学院研究员唐钧在接受和讯网访谈时提出，我们应该建立"个人缴费、单位缴税、财政托底"的社保筹资模式[⑤]；张秀芹和岳宗福（2012）[⑥]指出，

①　邓世缘. 通往合作而不是竞争的道路——公共财产法视野下"社会保险费改税"法理困境及其破解［J］. 财税法论丛，2015，16（02）：168-180.

②　臧建文. 交易成本视角下社会保险税费性质辨析——兼对"税收三性"的再认识［J］. 民主与科学，2018（06）：37-40.

③　Jie T，Li H，Wei Q. Development Environment and Strategic Choice for Rural Endowment Insurance Fee-to-Tax：An Analysis Based on PEST-SWOT Model［M］. Springer Berlin Heidelberg，2015.

④　李永成，孙芳兰，周世新. 我国社会保险费改税的理性思考［J］. 金融与经济，2004（12）：10-12.

⑤　郭哲. 社保"费"改"税"真不会增加民众负担？［EB/OL］. 和讯网，2010-4-9. http：//opinion. hexun. com/2010-04-09/123279291. html.

⑥　张秀芹，岳宗福. 社会保障"费改税"的内涵辨析与厘清［J］. 十堰职业技术学院学报，2012，25（04）：48-52.

所谓社保费改税，并非所有社保费都改为税，只是将基本养老保险、基本医疗保险的社会统筹部分以及失业保险、工伤保险、生育保险的相关收费项目改为税，进入个人账户的个人缴费部分则不宜也不应"改税"；李运华等（2014）[①] 在比较税与费的差异基础上，分析了社保税与费存在的问题，认为中国应该采取税费结合的方式进行征收，即计入统筹账户、由雇主缴费的部分改为养老保险税，并进一步形成单独税种，计入个人账户、由个人缴费的部分仍然保持缴费的形式，二者都交由税务机关负责征收；吴文芳（2014）[②] 对社会保障项目分别分析了公共产品属性，即社会救助和社会福利的公共性程度比社会保险高，前两项更适合征税，而在具体的社会保险项目中，农村居民的养老保险和新农合具有普惠性，更适宜征税，职工的保险项目则不适宜；张启等（2015）[③] 认为，税费结合的保险基金的募集方式就是把单位贡献的社保基金部分列为社保税，成为国家的财政收入，通过国家统筹为劳动者提供社会保险待遇；个人缴纳社保费可由单位代扣代缴，列入个人账户，由专门机构予以运作和管理；胡继晔（2016）[④] 认为，英国的社保缴款和美国的工薪税之间只是名称上的差异，并无本质的区别，我国养老保险采取"社会统筹+个人账户"的筹资模式，从基金收支、法律关系、公共财政、税收原则等角度看，二者存在性质上的差异，因此，社会统筹部分应该改成税以提高制度公平性，个人账户则需进一步解决"空账"问题，在征收方面，社会统筹部分改为税收应该全部交给税务机构征收，而个人账户部分应该交给社保经办机构；白小平等（2021）[⑤] 指出，我国社保应该采取以税为主、税费结合的征缴方式，即对统筹基金部分以税的形式征缴

① 李运华，殷玉如. 中国社会保险基金税费结合征收模式探讨——以养老保险基金的筹集为例 [J]. 理论月刊，2014（11）：139-142+159.

② 吴文芳. 社会保障费与税之关系的基础理论探究 [J]. 税务研究，2014（07）：86-89.

③ 张启，陆博文，冯晓阳. 基于税费之争的我国社会保险基金筹集方式研究 [J]. 常熟理工学院学报，2015，29（03）：60-64.

④ 胡继晔. 费改税：社会保障制度更加公平可持续的重要一环 [J]. 财政科学，2016（12）：102-109.

⑤ 白小平，靳彤彤. 中国社会保险费征缴机制的发展历程与展望 [J]. 中州学刊，2021（01）：73-79.

并可采取行政手段追缴欠税部分，个人账户部分以费的形式征缴可以民事行为要求欠费者补缴；朱海龙、唐辰明（2020）[①] 指出，税和费在立法价值方面有本质区别，即前者在于满足基础性社会需求，后者在于满足保障性、补充性社会需求，但对社会保险而言，应该根据不同的社会背景构建类型化税费模式，即常态化背景下的社会保险税收模式和非常态化（如重大疫情）背景下的收费模式，实现征收的稳定性与灵活性双重需求。

另一方面，认为费改税应该采取渐进式逐步推进。周仕雅（2006）[②] 以浙江模式为例，分析认为社保费改税是一个长期目标，目前时机尚未成熟，应该采取"三步走或四步走"的渐进方式进行；邓子基等（2011）[③] 指出，社保缴费本质是税收，未来改革的方向是费改税，但面对社保存在的一系列问题，目前应该采取渐进措施，先实行税式管理、再更名为社保税；王婷婷（2012）[④] 认为，社保税比费更具有制度优势，且费改税是中国国情的需要，但目前费改税制度间的衔接不畅、预算制度不健全和巨大的利益冲突对改革带来了障碍，因而，费改税应该实行"先税费分筹再税费合一"的渐进改革，并同时完善相应的配套措施。

二、关于我国开征社保税费的依据与对策研究

（一）开征社保税的理论依据

对于我国"为什么要开征社保税"的问题，多位学者提出了自己的观点。庞凤喜（2001）[⑤] 认为政府是社会保障的举办主体，在市场经济体制改革和人口老龄化背景下，我国对社保资金的需求增加，通过税收筹资在加

① 朱海龙，唐辰明. 后疫情时期我国社会保险的刚性与弹性——"费与税"的类型化构建 [J]. 探索与争鸣，2020（06）：97-106+159.

② 周仕雅. 统账结合模式下社会保险费改税的渐进式路径选择——以浙江为例 [J]. 浙江社会科学，2006（02）：49-52.

③ 邓子基，杨志宏. 中国社会保障费改税的几个基本问题 [J]. 江西财经大学学报，2011（03）：52-55.

④ 王婷婷. 我国社会保险费改税的争议与改革路径探讨 [J]. 西部论坛，2012，22（05）：17-23.

⑤ 庞凤喜. 论我国社会保障税的开征 [J]. 中南财经大学学报，2001（01）：68-72+127.

强征收力度、收支两条线管理、降低运行成本、减轻企业负担、打破条块
分割等方面具有明显的优势；邓大松（2003）[1] 指出，从产品属性看，社保
统筹账户基金具有公共物品性质，应采取税收形式征收，而且从财务持续
性、社保的再分配原则、保险对风险分散的原则和国际惯例看，开征社保
税是社保基金最理想的筹资形式，在政治、经济和行政层面，我国也具备
了开征社保税的条件；李绍光（2004）[2] 指出，社保税实质是用于社保的工
薪税，通过对工薪税税收归宿和劳动力供给弹性理论分析认为，在现收现
付制的模式下开征社保税是主要的筹资方式，但需要在恰当的时机进行，
在劳动力市场同质性高或收入分配差距较小时，工薪税才更可能实现社会
福利的帕累托改进，否则会增加劳动力税负和就业的压力；胡德忠
（2004）[3] 认为我国已经具备了开征社保税的条件，其理由是，人们收入水
平和储蓄水平的提高为社保税提供了丰厚的税源基础，有效的税收征管系
统、机构、人员和信息化为开征社保税提供了"征、管、用"分工协作的
体系，社保体系逐渐完善并具有相当的覆盖面和筹资规模，社保法律体系
正在规范，西方国家的经验也提供了参考；龙卓舟（2008）[4] 认为，社保的
强制性和支付的固定性决定社保税是其天然的筹资方式，而社保缴款的有
偿性与税收本质上偿还的非对应性之间并不矛盾，财政压力也促使征税成
为必然选择；倪才龙等（2009）[5] 认为社保税作为筹资形式，具有专款专用
性、有偿性、累退性、再分配性等明显有别于其他税种的特征，从人们的
保障意识、法制环境和经济基础等方面看，我国具备了开征社保税的条件；
我国社保税征收中应该遵循权利与义务相统一、税负合理、共同负担、效
率与公平兼顾和专款专用等原则，根据具体的保障项目开征税收，合理确

---

① 邓大松，刘昌平. 关于我国开征社会保险税的几点理论认识 [J]. 社会保障问
题研究，2003（01）：1-13.
② 李绍光. 社会保障税与社会保障制度优化 [J]. 经济研究，2004（08）：48-56.
③ 胡德忠. 我国开征社会保障税的可行性 [J]. 当代财经，2004（07）：62-64.
④ 龙卓舟. 开征社会保障税：社会保障制度的本质要求 [J]. 财经理论与实践，
2008（02）：82-86.
⑤ 倪才龙，焦音凯. 建立我国社会保障税的法律思考 [J]. 上海大学学报（社会
科学版），2009，16（02）：132-144.

定课税对象、纳税人、计税依据、税率等要素；杨燕绥等（2011）[①] 以养老保险为例，通过数据分析测算了社保税率和财政支出等指标，认为政府征税筹集社保资金是可行方式；刘植才等（2011）[②] 认为开征社保税具有理论依据，从公共经济的角度看，社保是政府提供的"准公共产品"，其受益对象具有特定性，提供产品的边际成本不为零，因而按照"受益原则"课征特定目的税比较适合社保制度，且通过税收的形式筹资更具有高效性和强约束力；同时，开征社保税有利于提高基金筹集效率、规范征收标准、提高基金监管质量；史正保等（2014）[③] 认为社保征收主体分割、覆盖范围窄、缴费主体窄和缴费水平高等问题是开征社保税的原因，而税费改革的社会背景、居民收入水平的提升、税务部门的征管经验和国外经验等为开征社保税提供了条件；邵晓琰（2015）[④] 认为社保税相较于费更具优势，通过动态宏观经济模型构建并求解最优税率，征税可以提高资金征缴力，并兼顾资源配置公平与效率；周阳军等（2017）[⑤] 从政治现状与需求、经济发展水平、社会人口结构、计算机和信息技术等方面分析认为我国具备开征社保税的条件。

（二）开征社保税的对策建议

部分学者从宏观管理或配套措施探讨了开征社保税需要考虑和解决的相关问题。邓大松（1997）[⑥] 指出开征社保税具有积极意义，应该将社保各项目纳入全面开征，制定合理的开征水平，通过各种税收优惠政策鼓励开

---

① 杨燕绥，朱祝霞. 社会保障税的税源与税率研究——基于2010—2050年人口预测数据［J］. 财贸研究，2011，22（06）：76-82+106.

② 刘植才，杨文利. 开征社会保障税的理论依据及现实意义［J］. 税务研究，2011（02）：49-54.

③ 史正保，李智明. 论费改税视角下我国社会保障税的开征［J］. 西北人口，2014，35（02）：105-109+114.

④ 邵晓琰. 我国开征社会保障税的效应分析［J］. 吉林师范大学学报（人文社会科学版），2015，43（01）：104-109+124.

⑤ 周阳军，彭璧玉. 现代化社会保障管理手段——我国社会保障税研究［J］. 管理现代化，2017，37（06）：81-84.

⑥ 邓大松. 论中国社会保障"税收"制度改革［J］. 武汉大学学报（哲学社会科学版），1997（02）：31-37.

征，并完善管理配套措施；胡鞍钢（2001）[①] 认为中国应该尽快开展社保税，并扩大征收范围，纳入中央财政收支专项基金；庞凤喜（2002）[②] 研究了社保税与企业所得税、个人所得税和其他税种之间的异同，从效率原则和收益原则看，社保税在财政管理体制上应该为中央和地方共享税，但从工业化和市场化发展程度看，社保税征收范围不宜过大，职工收入水平和企业盈利能力较低的角度看，社保税征缴的比例不宜过高，在征管过程中应该形成收入、支出、发放、运营和管理主体的分离与相互制约的状态；作者（2006）[③] 进一步指出社保税与其他税种不同，开征社保税在增加政府财政收入的同时也意味着政府需要承担对应的保障责任，而开征社会保障税将会受经济发展水平、制度覆盖范围、保障水平、筹资模式、责任划分、计税依据、财政安全能力等因素的影响，在开征社保税前应该综合考虑上述因素从而建立合理的税制；庞凤喜（2007）[④] 还认为有效开征社保税的前提是推进工资制度的货币化，它有助于增加筹资来源、扩宽征收面、降低税率以减轻负担；杨华（2011）[⑤] 从税收风险的角度看，我国开征社保税在征税对象和范围的确定、税率和税基的确定、各方利益的分配等方面还面临困难，应该从加强立法、稽核参保人数和缴费工资基数、提高统筹层次、统一征缴机构等方面做好准备；孙宇晖等（2015）[⑥] 分析了开征社保税的必要性和可行性，并认为开征社保税会面临分散管理到集中管理、税收负担合理与保障公平化等难题，必须从思想认识和时间、方案上做好充足的准备，结合国际经验与国情；姜阳（2018）[⑦] 认为从实现公共服务均等化、增

① 胡鞍钢. 中国新政奠基石——关于建立全国统一基本社会保障制度、开征社会保障税的建议 [J]. 财经界，2001（09）：82-86.

② 庞凤喜. 我国社会保险税开征相关问题研究 [J]. 管理世界，2002（11）：138-139.

③ 庞凤喜，于晶. 论社会保障税开征必须考虑的因素 [J]. 税务研究，2006（12）：31-34.

④ 庞凤喜，朱润喜. 开征社会保障税需要继续推进工资制度的货币化改革 [J]. 税务与经济，2007（02）：90-94.

⑤ 杨华. 基于税收风险视角下的社会保障税开征分析 [J]. 经济与管理研究，2011（12）：111-114.

⑥ 孙宇晖，安娜. 关于我国开征社会保障税的若干思考 [J]. 税务与经济，2015（03）：80-84.

⑦ 姜阳. 关于开征社会保障税的思考 [J]. 财政监督，2018（18）：76-81.

强收入再分配力度、深化财税体制改革、提升基金征管效率等方面看，开征社保税具有必要性，但目前需要对制度进行调整以解决现实的困境，如税收刚性与社保缴款自愿性的矛盾和不同群体的制度"碎片化"问题。

另一部分学者从微观的税制设计角度探讨了社保税构建的要素。蒲晓红（2000）[①] 认为开征社保税是夯实社保基金的必然选择，在税制设计上应该考虑纳税人、课税对象、起征点、限征额和征收管理制度，在税率选择上比例税率比较适合，并由雇主和个人共同分担；马国强等（2003）[②] 从社保税收收入和支出的对应关系看，大部分国家社保支出并不以税收为唯一的资金来源，但这并没有影响各国开征社保税，在纳税人、课税对象和适用税率的设计方面，部分国家以社保项目为依据，部分国家以覆盖对象为依据，另一些国家采取混合制，我们国家应该采用项目税；刘小兵（2001）[③]、阎坤等（2003）[④]、邓大松（2003）[⑤]、朱建文（2005）[⑥]、张信柱（2008）[⑦]、马琳（2011）[⑧]、李梦娟（2011）[⑨]、胡绍雨（2017）[⑩]、杨芳楠（2019）[⑪] 等多位学者也分别从纳税人、课税对象、计税依据、税率、税目、

---

① 蒲晓红. 我国社会保障税的征缴模式及税率选择 ［J］. 经济理论与经济管理，2000（06）：65-67.

② 马国强，谷成. 中国开征社会保障税的几个基本问题 ［J］. 财贸经济，2003（05）：32-35.

③ 刘小兵. 中国社会保障税的制度设计及其释义 ［J］. 财贸经济，2001（09）：18-22.

④ 阎坤，曹亚伟. 我国社会保障税制设计构想 ［J］. 税务研究，2003（05）：43-49.

⑤ 邓大松，刘昌平. 关于我国开征社会保险税的几点理论认识 ［J］. 社会保障问题研究，2003（01）：1-13.

⑥ 朱建文. 我国社会保障税制的设计构想 ［J］. 税务研究，2005（10）：61-64.

⑦ 张信柱. 我国开征社会保障税的税制建设构想 ［J］. 山西财政税务专科学校学报，2008（03）：31-34.

⑧ 马琳. 论我国社会保障税的税制设计 ［J］. 劳动保障世界（理论版），2011（04）：57-60.

⑨ 李梦娟. 社会保障税的开征及其制度设计 ［J］. 税务研究，2011（02）：58-61.

⑩ 胡绍雨. 关于我国开征社会保障税的探讨 ［J］. 武汉科技大学学报（社会科学版），2017，19（03）：304-310.

⑪ 杨芳楠. 关于我国开征社会保障税问题的思考 ［J］. 商业经济，2019（04）：129-130.

税收归属、财务管理等要素进行了社保税制设计，并在社会保险法、政策宣传和工资制度改革等方面提供配套措施；蓝相洁（2014）[1] 通过比较项目式、对象式和混合式社保税的差异，认为我国宜采取混合式税收，并基于税收要素提出了具体建议；杨宜勇等（2018）[2] 指出，目前我国社保缴费的模式存在少缴、基数不实、逃缴和征缴中部门协调困难带来的效率问题，开征社保税会更好地解决这些问题，从纳税对象的划分、社保税的设置方式、应税项目的设定、税率设计等方面提出了对策建议；王旭光（2018）[3] 以贵州省为例分析认为，社保税征收应该遵循财政原则和效率原则，并提出税制设计和配套措施完善的建议；付伯颖等（2018）[4] 通过拉弗曲线理论和面板门槛实证模型分析，结合国际比较与经验，提出中国社保税的最优税率应该设定在 30% 左右。

第二节　关于社保税费征缴制度的研究

一、关于社保征缴制度的规范性研究

（一）认为税务机关征收社保费更具优势

贾康（2007）[5] 认为税务机关征收社保费具有明显的积极效应，如实现收、支、管分离和促进有效监管，利用税务部门的人力和物力资源有利于降低成本，税务部门的信息优势有助于提高征收力度和效率，个人账户的

① 蓝相洁. 项目式还是对象式——社会保障税设置模式比较及其选择 [J]. 河北经贸大学学报，2014，35（02）：54-59.

② 杨宜勇，韩鑫彤. 关于中国建立社会保障税的政策构想 [J]. 税务研究，2018（09）：60-66.

③ 王旭光. 我国开征社会保障税的税制设计和征管建议——以贵州省为例 [J]. 当代经济，2018（16）：118-119.

④ 付伯颖，陈子昂，夏宁潞. 国际比较视角下我国社会保障税最优税率设计 [J]. 地方财政研究，2018（09）：41-47.

⑤ 贾康. 从国家最高利益出发考虑社保管理体系框架选择 [J]. 财政研究，2007（11）：2-5.

存在也不妨碍税务征收，税务征管与我国社保管理模式更契合；王文童（2007）[①]认为社保费应该实行税式征管，一方面，社保基金缺口大、征缴面窄、统筹层次低、缴费基数少、征收比例高、缴费工资不实等问题需要通过税务机关全责征管的方式进行改进；另一方面，税务机关征收成本低、执法手段成熟、基金管理优势和国内外的实践经验也为税式征管提供了可行性；刘剑文（2007）[②]认为税务部门征收社保费有利于发挥税务部门的优势，如人才队伍、信息化建设、执法刚性等，降低征收成本，但需要进一步实行税务机关征收和管理一体化，统一缴库程序，加强税务机关的领导；中国新闻网（2010）[③]报道了财政部财科所金融研究室主任赵全厚、中央财经大学税务学院院长刘桓等人的观点，认为税务部门征收社保费有利于节约成本，提高征管效率，降低基金管理风险；张秀芹等（2012）[④]讨论了社保费改为国税或地税的优缺点，认为社保应该属于共享税，并认为由地税征收更能降低成本和减少阻力；刘植才等（2011）[⑤]从政府权能理论出发认为，现阶段政府的行政权应该在各级政府间纵向平衡即"层级化"，在同级政府间横向平衡即"分部化"，从而实现分工协作和提高管理效率，而税务部门征收社保税的方式有利于实现这些目标；张斌等（2017）[⑥]认为，地税部门全责征收社保税具有明显的优势，通过同征同管提升征收效率，降低行政成本和缴费人的遵从成本，边际征收成本较低，有助于促进社保跨区接续和统筹层次提升等改革；汪德华（2018）[⑦]分析认为税务机构全责征收

[①]　王文童. 社会保障筹资模式及其税式管理问题的研究 [J]. 税务研究, 2007 (04): 75-79.

[②]　刘剑文. 社会保险资金筹集方式的利弊比较 [J]. 税务研究, 2007 (10): 32-33.

[③]　张萧然. 社保费改税: 不只是一字之差 [EB/OL]. 中国新闻网, 2010-04-08. http://www.chinanews.com/cj/cj-gncj/news/2010/04-08/2215258.shtml

[④]　张秀芹, 岳宗福. 社会保障"费改税"的内涵辨析与厘清 [J]. 十堰职业技术学院学报, 2012, 25 (04): 48-52.

[⑤]　刘植才, 杨文利. 开征社会保障税的理论依据及现实意义 [J]. 税务研究, 2011 (02): 49-54.

[⑥]　张斌, 刘柏惠. 社会保险费征收体制改革研究 [J]. 税务研究, 2017 (12): 15-19.

[⑦]　汪德华. 税务部门统一征收社会保险费: 改革必要性与推进建议 [J]. 学习与探索, 2018 (07): 103-110.

社保费的理由是，税务部门具有人力和物力基础、信息处理能力强、边际征管成本低等优势，有利于足额征缴，且对社保统筹层次提升的改革和提升社保治理能力具备有利因素，应该尽快落实税务全责征收并完善配套措施；朱青等（2018）[①] 认为税务部门征收以社保费为代表的非税收入有利于提高征管效率，增加基金的全过程监管从而提升安全性，且税务部门是政府财政收入征收的主要机构；艾希繁等（2019）[②] 认为税务部门征收社保费有利于统一征管主体、规范征收程序、提高征缴效率、强化基金监管，但目前社保法治化水平不高、制度碎片化、欠缴问题严重，需要加强社保征管的法律体系建设；杨翠迎等（2019）[③] 认为税务部门全责统一征收社保费能够使两部门的工作职能更加优化，征收过程更加规范，基金筹集更加稳定，更符合国际趋势，也为费改税创造了条件，但公众还需要时间适应改革，小弱微企业生存压力较大，特殊群体的征缴和个人账户问题尚未解决，少缴和逃缴的现象仍然不可避免，影响企业用工行为，因此，要理性对待征收主体的改革；伍中信等（2019）[④] 计算和比较了北京和武汉社保费征收机构转变为税务机关前后的差异，认为税务机关征收更有利于维护职工的保障权益；马龙（2020）[⑤] 指出，税务机关统一征收有助于降低征收成本、提高征管效率；刘琦（2021）[⑥] 从税与费的本质属性出发，认为征税方式对社保更有利，且税务机关全责征收更能提高征管的效能。

[①] 朱青，胡静. 论税务部门征收非税收入的重要意义 [J]. 税务研究，2018（08）：5-7.

[②] 艾希繁，周刚志. 法治视角的社会保险费征收体制改革研究 [J]. 湖南大学学报（社会科学版），2019，33（03）：70-77.

[③] 杨翠迎，程煜. 理性看待社保征缴体制改革的政策效果 [J]. 社会保障研究，2019（01）：58-66.

[④] 伍中信，倪杉. 社保费征管机制变革与改进对策研究 [J]. 会计之友，2019（13）：143-149.

[⑤] 马龙. 社会保险费征管制度国际比较及借鉴 [J]. 注册税务师，2020（11）：70-72.

[⑥] 刘琦. 税务机关征收社保费的法理省思与制度优化——以税、费本质属性为视角 [J]. 东南法学，2021（02）：241-253.

（二）认为社保费应该由社保经办机构征缴

郑秉文（2007）[①] 认为地方政府自主选择基础上形成的税务和社保部门双重征缴的体制存在明显的弊端，从我国国情看，二元经济结构、覆盖范围有限、统账结合制度的复杂性制约了征缴主体的选择，从灵活就业参保、"小三农"的覆盖问题、财务可持续性和社保缴费制看，社保部门征缴更具合理性；刘义圣等（2016）[②] 认为税务机关征收后其责任增加，其强制性会抹杀社保制度的灵活性，且不利于在招商引资中实施社保缴费的优惠政策从而影响就业和经济发展；唐霁松（2017）[③] 认为社保机构征收对收入增长和基金支撑能力的效果更好，社保机构在征收和政策执行中的服务优势更明显，综合考虑经办力量、技术条件、社会环境和国际经验等因素，应该由社保经办机构统一征收；秦立建等（2019）[④] 认为税务部门统一征收社保费对中小企业带来的负外部性比正外部性更显著，即征缴基数的提高和征收力度增强会对部分企业带来负担和压缩利润空间。

（三）社保征收体制存在的问题及改革建议

马国强等（2002）[⑤] 认为，国外的社保税征管主体以税务机关和社保资金管理部门两种为主，一国应该由谁来征管应该根据国家税务当局的发展状况而定，中国开征社保税应该由财务部门管理，税务机关核定、征收和稽查，社保部门则应该做好其他经办工作；庞凤喜（2007）[⑥] 分析了四种社保费征缴体制的利弊，即社保经办机构全责征收体制下权责明晰，但征收成本较高；地税部门全责征收有利于扩大征收面和增加社保收入，但在社

① 郑秉文. 社保立法应考虑征缴模式选择的约束性 [J]. 中国社会保障, 2007 (10)：21-25.

② 刘义圣, 陈昌健. 社会保障费税改革："范式"选择与阙疑 [J]. 社会科学研究, 2016 (04)：51-57.

③ 唐霁松. 社会保险费统一征收应早落地 [J]. 中国社会保障, 2017 (05)：21-23.

④ 秦立建, 胡波, 苏春江. 对社会保险费征管的公共政策外部性理论审视——基于中小企业发展视角 [J]. 税务研究, 2019 (01)：17-20.

⑤ 马国强, 谷成. 社会保障税：国际比较与借鉴（下） [J]. 上海财税, 2002 (02)：43-45.

⑥ 庞凤喜. 论社会保险税的征收与深化社会保障制度改革的关系 [J]. 税务研究, 2007 (10)：43-46.

保和税务部门间的责任界定不够明晰；地税部门非全责征收体制下协调程序增加影响了税务部门的效率；税务和社保部门分别征收则不利于统一制度管理，增加了征缴负担；作者[1]还比较了国外非税部门和税务部门征收的利弊，以及代表性国家征收机构的变革，认为我国通过税务部门征收是一种理性的选择；高培勇（2007）[2]认为社保收入是政府收入的一部分，社保支出是政府支出的一个项目，其管理部门也是政府职能部门，因此社保征缴权归属应该在财政统一供给、政府收支进预算和财政部门统揽政府收支的范畴进行考虑；田建荣等（2008）[3]认为我国社保费征收存在征管主体混乱、政出多门的问题，缴费的标准模糊不清也带来了征管漏洞和偷逃费现象，部分征管措施脱离实际挫伤了参保者缴纳积极性；胡继晔（2016）[4]认为社保的社会统筹部分改为税收，应该全部交给税务机构征收，而个人账户部分应该交给社保经办机构征收；马一舟等（2017）[5]认为现行社保费征收依据即缴费基数不合理，核定征收存在制度漏洞，征收的费率过高，征收主体不统一，应该进一步明确各级政府的权责，统一征收主体，健全征管制度；郭昌盛（2018）[6]认为税费征收一体化改革首先需要完善现有的法律法规，合理分工和协调各主体的关系，明确管理部门的职能划分，征管过程与社保本身的改革相适应；李菲等（2018）[7]认为目前社保和地税二元征缴体制容易造成征收主体混乱、协调难度大、部门间信息不对称、职责权限交叉等问题，降低了征管效率和效果，应该尽快统一成税务部门全责

[1] 庞凤喜，燕洪国. 论社会保障缴款征收机构的选择 [J]. 涉外税务，2007（08）：12-18

[2] 高培勇. 社保费征缴权究竟该落谁家？[J]. 经济，2007（10）：42.

[3] 田建荣，宋凤轩. 当前社会保险费征缴过程中存在的问题及对策 [J]. 中国商界（下半月），2008（11）：16.

[4] 胡继晔. 费改税：社会保障制度更加公平可持续的重要一环 [J]. 财政科学，2016（12）：102-109.

[5] 马一舟，王周飞. 税务机关征收社会保险费回顾与前瞻 [J]. 税务研究，2017（12）：5-9.

[6] 郭昌盛. 我国社保费征管体制改革的困境与出路——基于欧洲国家改革的经验与教训 [J]. 经济体制改革，2018（02）：23-25.

[7] 李菲，翟雪峰. 关于提高我国社保费征收效能的国际借鉴研究 [J]. 国际税收，2018（02）：64-67.

征缴的"一元式"模式；王桦宇等（2019）[①] 认为，当前对于税务机关征收
社保费存在误区，在法律依据上征税和社保费之间存在差异即适用范围不
同，税务机关征收社保费的主要目的是提高行政效率，税收机构征收的过
程中要谨慎对待纳税人信息的使用，因而《社会保险法》应进一步完善以
解决这些问题；吴风云（2019）[②] 认为税务部门征收社保费有助于控制征收
成本，降低社保费率，促进社会公平，但由于征收制度尚不完善、社保费
率过高和企业参保行为不合规等原因，那些之前未按规范参保的企业会面
临负担加重和涉税风险增加的问题，应该建立和完善监管和风险管理机制，
做实基数、降低费率；辛正平（2020）[③]、高新宇等（2020）[④] 认为，目前
税务部门征收社会保险费的法律法规不完善、征管系统不统一、部门协作
不到位，社保统筹层次和保费上缴流程的复杂性也制约了社保征管，需要
从这些方面入手改进；何文炯（2020）[⑤] 也指出现行社会保险费征缴法规存
在规定不明、修改滞后和落实困难的问题，需要进一步完善法律法规、明
确征收主体职责；在征缴过程的细节方面，董克用等（2020）[⑥] 指出，征缴
基数不合理、核定过程复杂、征管流程的漏洞不利于基本养老保险的征管；
社保费核定权、征收权与稽核权是支撑税务机关全责征收的三项关键权力，
要实现税务部门全责征收则需要将这三项权力配置到位（任宛立，2020）[⑦]；

———————————

① 王桦宇，李想. 税务机关征收社会保险费的误区及其澄清 [J]. 税务研究，
2019（06）：24-29.

② 吴风云. 社保征收机构改革对企业税负的影响及对策研究 [J]. 中共南昌市委
党校学报，2019，17（01）：43-47.

③ 辛正平，徐明吉，冀超，许建国. 当前社会保险费征管中存在的问题及对策
[J]. 税务研究，2020（09）：137-141.

④ 高新宇，齐艺. 对社会保险费征收模式改革的评价与建议 [J]. 税务研究，
2020（06）：130-133.

⑤ 何文炯. 社会保险费征缴：体制改革与法制完善 [J]. 探索，2020（03）：42-
51.

⑥ 董克用，张燕婷，施文凯. 税务征收体制下的基本养老保险个人缴费基数：问
题、机制与对策 [J]. 税务研究，2020（05）：19-24.

⑦ 任宛立. 税务机关全责征收社会保险费：制度障碍及其破解之道——一个权责
配置的视角 [J]. 华中科技大学学报（社会科学版），2020，34（03）：105-111.

李倩倩（2021）[①] 指出税务部门征收社保费仍然面临一些难题，如法律法规不完善、征收优势不明显和政策弹性不足等，应该从征收主体、社保制度和企业综合管理三个方面着手改进社保征管体制。

二、关于社保征缴制度的实证研究

在实证层面，学者们通过模型和数据量化分析社保费征缴机构改革对社保征收效果的影响，其观点也主要分为以下两种情况：

（一）税务部门对征收效果的积极影响

部分研究认为社保费征缴机构改革即改为税务部门对征收效果有积极影响。刘军强（2011）[②] 首先分析了对 9 个省的政府官员进行访谈的结果，不同征管部门各有其优势，也存在部门权与利的分割，运用面板数据进行量化分析则发现，在控制其他变量的情况下，地税部门征收社保费对养老和医保的扩面起到积极作用，对养老保险收入的增加也有正面效应，但对其他保险制度的影响并不显著；郑春荣等（2014）[③] 从征收的行政成本考虑，通过量化分析，认为在时间趋势上社保费改为地税征收后其成本不会增加，即税务部门征收具有效率，双重差分模型进一步论证地税部门征收显著提高了征收效率；李波等（2017）[④] 利用 31 个省份近 8 年城镇职工养老保险的数据，通过回归模型分析认为，相对于社保机构，地税机构征收社保费能够显著提升参保率和征缴率，建议地税部门全责征收；王延中等（2018）[⑤] 以人社系统、地税系统、专家学者、财政等部门的干部为对象开展问卷调查，分析了调查对象对社保征缴机构和效果、业务满意度、征收

① 李倩倩. 我国社会保险降费与征收主体改革的政策效果研究 [J]. 河北工程大学学报（社会科学版），2021，38（01）：25-29.

② 刘军强. 资源、激励与部门利益：中国社会保险征缴体制的纵贯研究（1999—2008）[J]. 中国社会科学，2011（03）：139-156+223.

③ 郑春荣，王聪. 我国社会保险费的征管机构选择——基于地税部门行政成本的视角 [J]. 财经研究，2014，40（07）：17-26.

④ 李波，苗丹. 我国社会保险费征管机构选择——基于省级参保率和征缴率数据 [J]. 税务研究，2017（12）：20-25.

⑤ 王延中，宁亚芳. 我国社会保险征费模式的效果评价与改革趋势 [J]. 辽宁大学学报（哲学社会科学版），2018，46（03）：1-17+183.

模式、现行社保制度等方面的评价，不同主体对征缴主体的效率和效果评价不同，但一致认为应该多部门协同、统一征收主体和实际费率，统一由税务机构征收有助于提升社保治理能力；刘珊（2019）① 以 72 份行政裁判文书为分析对象，从法律的角度分析多主体征管社保费存在的问题，突出表现在征缴主体权责不清、职责履行不到位、缴费关系和缴费基数不清晰等引起的争议，认为应该从法律层面确立税务机关的征缴地位，形成统一的征管模式，明确各主体的职责；张盈华等（2019）② 采用"就业人员参保率"和"社保基金征收率"两个指标评价不同部门征缴的效果，税务征收的参保率略高于社保部门，但征收率并无显著差异，通过税务部门征收需要明确缴费基数、缴费人员的信息和不同部门间的协同；王希瑞等（2019）③ 测算了社保费征缴模式变更前后企业的名义负担变化，认为税务征收会大大增加基金收入，但也会增加企业负担，因此，改革过程应循序渐进，继续降低费率；唐珏和封进（2019）④ 首先利用计量模型和双重差分法对比分析了变更征收机构对征收效果的影响，认为变更为税务部门征收后的省市企业的缴费率和参保率上都有显著提高，征收能力和企业性质也会对该效果产生影响；作者⑤ 进一步将征收机构的变更与否作为工具变量，回归结果显示，征收机构的改变不仅会显著提高企业人均缴费，还会提高人均固定资产；曾益等（2020）⑥ 在区分社保缴费基数核定机构和征缴机构、名义征缴收入和实际征缴收入的基础上，通过面板数据模型和精算模型分析征收体制改革对城镇职工养老保险缴费率的影响，认为征收主体的

---

① 刘珊. 社保费征管争议的主要形态及其解决——以 72 份行政裁判文书为分析对象 [J]. 天府新论，2019（02）：127-137.

② 张盈华，李清宜. 社会保险费征缴管理的总体评价与个案差别——基于两主体征收效率的比较 [J]. 华中科技大学学报（社会科学版），2019，33（03）：26-32.

③ 王希瑞，蒋汉洋. 社会保险费征收模式变更对企业实际负担的影响 [J]. 西部财会，2019（11）：63-66.

④ 唐珏，封进. 社会保险征收体制改革与社会保险基金收入——基于企业缴费行为的研究 [J]. 经济学（季刊），2019，18（03）：833-854.

⑤ 唐珏，封进. 社会保险缴费对企业资本劳动比的影响——以 21 世纪初省级养老保险征收机构变更为例 [J]. 经济研究，2019，54（11）：87-101.

⑥ 曾益，李晓琳，杨思琦. 征收体制改革、养老保险缴费率下调空间与企业缴费负担 [J]. 经济科学，2020（02）：74-86.

改革有助于提高缴费率，而征缴率提升后基金收入会增加，因而可以适度降低费率，从而减轻企业负担；李新等（2020）[1]利用工业企业数据，采用倾向得分匹配和双重差分法分析了不同社保征收机构对企业成本加成率的影响，认为税务部门征收社保费会显著降低企业成本加成率；张乐天（2021）[2]运用国家统计数据，采取多期 DID、面板分位数等模型分析社保费征收主体转变带来的效果，发现税务部门征收会显著提升征收效果（即社保覆盖率），且税务部门全责征收的省份其提升效果更明显；朱铭来等（2021）[3]以城镇职工基本医保省际面板数据为例，通过广义双重差分模型分析认为，税务部门统一征收社保费能在很大程度上提高基金收入，从而可以进一步降低医保缴费比率。

（二）认为税务部门并不能提升征缴效果

另一部分学者认为征收机构改革并不一定带来征缴效果的提升。张雷（2010）[4]以基本养老保险征缴率为因变量，以征收方式和年份为自变量，回归分析认为税务征收的方式不能提高征收效率，应该统一由社保经办机构征收，强化信息建设和完善立法体系；鲁全（2011）[5]通过实证研究认为，一方面《社会保险费征缴暂行条例》的颁布对提高征收效率具有积极作用，但静态看，社保机构征收效果好于税务机关，动态看，税务部门代替社保经办机构的征收效率依赖于职能部门的重视程度，并不必然会带来效率的提高；彭雪梅等（2015）[6]以城镇职工养老保险足额征缴率和每年的扩面率为衡量征缴效果的指标，在考虑征缴难度、经济发展水平、统筹层

---

① 李新，蒋越，徐微. 社保征收机构对企业成本加成率的影响研究 [J]. 宏观经济研究，2020（08）：92-104.

② 张乐天. 我国社会保险费征收效果对比分析 [J]. 公共财政研究，2021（01）：69-83.

③ 朱铭来，申宇鹏，高垚. 社保征缴体制改革的增收效应和降费空间——基于城镇职工基本医疗保险省际面板数据的分析 [J]. 社会保障研究，2021（02）：15-32.

④ 张雷. 社会保险费征收体制的效率比较分析 [J]. 社会保障研究，2010（01）：24-28.

⑤ 鲁全. 中国养老保险费征收体制研究 [J]. 山东社会科学，2011（07）：110-115.

⑥ 彭雪梅，刘阳，林辉. 征收机构是否会影响社会保险费的征收效果？——基于社保经办和地方税务征收效果的实证研究 [J]. 管理世界，2015（06）：63-71.

次等影响因素的基础上，分别通过全样本和区域分组的方式分析认为，社保经办机构在足额征缴率方面优于税务机构；郑秉文等（2018）[①]测算了双重征缴体制下社保征收规模，分析认为存在明显的保费流失问题，其原因在于部分地区未严格按统一费率执行、断保断缴现象普遍发生、缴费基数不实等，其中缴费基数的问题尤为突出，缴费率过高也是导致缴费不足的重要原因，税务机构征收社保费使这些问题更加显现，因而需要加强政策设计和完善配套措施；鲁於等（2019）[②]指出，财政分权不利于社保按实征缴，分权化程度越高，地方自主性越强，社保逃费成本越低，尤其是经济紧缩期，地方政府会放松征缴力度以缓解经济压力，从而造成征缴不实。

三、关于国外社保征缴实践的研究

20 世纪末至 21 世纪初，国外对不同征收系统及其遵从情况进行了广泛的比较研究，文献内容主要集中在两个方面：一方面，从现实角度分析不同社保税费征管方式的特点及其带来的影响，核心论点在于到底是应该通过集中、统一的方式征收社保缴款和其他税款，还是应该采取与税收相独立的、分散的征缴方式。不少学者认为统一的征收体系更具规模经济效应，可以提高征收效率，但这些优势的体现需要以一定的条件为前提；另一方面，对代表性国家的社保缴费方式进行实践层面的总结与比较。各国的政治、经济、文化和社会背景不同，社保政策设计、覆盖人群、征收方法等也存在明显差异，尽管从制度上可以进行一定的比较，但仍然很难说哪种征管方式更加有效。

罗夫曼（Rofman）和德马科（Demarco）（1999）[③]指出，养老保险改革的一个核心问题是提高征缴率，而影响征收效果的因素主要包括：缴费遵从度的激励机制是否有效、征管的行政机构安排是否合理以及征管程序

---

① 郑秉文. 社会保险费"流失"估算与深层原因分析——从税务部门征费谈起[J]. 国家行政学院学报，2018（06）：12-20+186.

② 鲁於，冀云阳，杨翠迎. 企业社会保险为何存在缴费不实——基于财政分权视角的解释[J]. 财贸经济，2019，40（09）：146-161.

③ Rofman R，Demarco G. Collecting and transferring pension contributions [J]. *rafael rofman*，1999：1-32.

是否顺畅。从遵从度的角度看，征收工作面临的常见问题是，费率高带来了较高经济成本，许多国家雇主和雇员的养老保险费率超过了总收入的25%，加上医疗、失业等其他险种的缴费，其总额超过总收入的50%，如法国的企业社保缴费率就达到了46%，但是，降费并没有有效提高遵从度且还要面临老龄化和提前退休带来的保险需求增加的问题。阿根廷自1995年以来雇主的缴费总额逐渐减少了15%，但征收率并未明显提高。同时，征收机构的工作积极性是影响征收的另一个因素。目前，征缴制度主要存在的问题包括缺乏雇主和雇员识别体系、信息技术运用不足、雇主报告缴费情况的频次少以及征收机构的多样化，即当税收机构、社保机构和医疗保险管理机构分别征收时，雇主需要多次提交重复性信息，且不同部门的表单格式差异造成交叉检查的困难。从安全性、效率和成本的角度看，是否存在规模经济、现有的征收机构效率如何、征收时间和信息传输速度快慢、交互控制如信息交互核查的便捷性、执法权的归属、征收成本的高低、是否带来腐败等因素，是影响各国选择统一征收还是分散征收养老保险的主要因素。通过对智利、阿根廷、匈牙利、波兰、瑞典、英国、格鲁吉亚、委内瑞拉、美国等国家征收制度的调查发现，这些国家既有集中征收也有分散征收，既有成功的案例也有改革失败的教训。例如，阿根廷社会保险与税收都由税务部门征收，雇主每月直接向税务部门付款，或者通过金融机构转向税务机构；智利则由雇主将社保款项交给雇员所选择的基金组织；1975至1985年间，瑞典逐渐将社保征缴责任从社保管理机构转移到税务机构，之后又对个人账户进行集中征收；1998年英国将社保征缴责任转交给了税务部门；波兰则明确由独立于税务部门的社保机构进行征收；为了保护隐私，匈牙利将社保缴款与税收分离，雇主直接向基金会缴款。

海勒（Heller）和吉林厄姆（Gillingham）（1999）[1]认为，从大多数国家看，社保征缴与已有的所得税征收机构相统一时，边际成本最低，其理由是所得税征管机构有广泛而完善的基础设施，不仅可以征收税款，还可

---

[1] Heller, P. and Gillingham, R. Public v. Private Roles in Funded Pension Systems [J]. *Paper presented at Second APEC Regional Forum on Pension Fund Reforms*, Vina del Mar, Chile, 1999: 26-27 April.

以执行重要的检验、监督等功能。贝克（Bank，2000）[①]也认为，统一征收的优点在于可以实现规模经济，拥有更强大的控制机制和执法权，更低的征收成本和更高的透明度。但是，这些优点的发挥还取决于信息技术和征收机构的有效性等因素，在地方制度体系和行政机构允许的情况下，集中统一征收更好。多个机构征收社保税费往往难以实现信息共享，且管理成本增加，参保者的遵从成本提高。

麦克吉尔瑞（McGillivray，2001）[②]指出，无论一项保险制度设计如何完整，是缴费确定型（DC）或者收益确定型（DB），由私人或者公共部门进行管理，如果没有履行好缴款义务即出现少缴、不缴等问题，那么这项制度也难以为继。在参保者逃避缴款的原因中，除了税率高、人们的短视行为、制度设计等方面外，征收体制也是重要一项，即如果社保税费和其他税收分别由不同的部门进行单独缴款，将会使行政管理体系更加复杂，参保人的遵从成本提高。但是，要想通过建立统一的征收机构来提高征收效果则需要满足两个基本条件：一是强大而有效率的财务管理体系，二是公众对征收机构作为"代理人"的身份有足够的信心，即征收机构确实能够及时地将缴款转交给相应的管理部门（在长期高赤字的国家，这种信心很难建立）。特纳（Turner，2001）[③]也认为，逃避社保缴款是社保筹资面临的一大问题，在参保者少缴或不缴的原因中，征管制度是其中之一。从征收层次看，地方政府征收的效果往往不及中央政府，后者更具有规模经济效应；从征收的形式看，那些把社保和税收进行统一征收的国家征收效果较好（当然，其前提是税收部门本身是具有效率的），因为缴款者无法避免只缴纳其中一种税款而逃避其他的，而且，与分散的征收机构相比，统一的机构有助于提高雇主和雇员的参保遵从度。

---

① Bank W. Collection：Transferring Contributions to Individual Pension Accounts ［J］. *World Bank Other Operational Studies*，2000：1-4.

② Mcgillivray W. Contribution evasion：Implications for social security pension schemes ［J］. *in International Social Security Review*，2001，54（4）：3-22.

③ Turner B J. Strategies to Reduce Contribution Evasion in Social Security Financing ［J］. *World Development*，2001：385-393.

巴兰德（Barrand）等人（2004）[①] 指出，有效的征收制度决定着社保财务可持续性，社保征收主体主要有两种形式：一是平行于税务机构的独立部门如社保经办机构或者基金管理机构，它同时承担着其他的业务办理责任；一是统一的税务部门，与其他税收一起征收。这两种方式在欧盟国家都有所运用，前者如法国、德国，后者如瑞典，但经济合作与发展组织（OECD）国家普遍认为，税务部门征管是一种更有效的方式，如加拿大和美国。为了提高征收的效率、缴纳的遵从度和可控性，许多中东欧国家都对社保征收管理制度和机构进行了改革。尽管将社保缴款和税收统一征缴的趋势比较明显，但部分国家仍然保持着不同的征缴机构。

在集中征收税费的国家中，1999 年，匈牙利将养老保险和医疗保险从基金会转移到国家税收部门（STCA）；2001 年，克罗地亚开始将社保缴款责任纳入税务部门；2002 年，保加利亚建立了一个单独的税收机构，下设一般税收部、社保委员会和海关理事会；1996 年，斯洛文尼亚对税收部门进行改组，建立了统一的机构负责收集和管控除关税外的其他所有税收和社保缴款；罗马里亚经过多年的探索，也在 2004 年建立了国家财政管理机构，将各种税收和缴款融合到一起，但在社保征收中该机构只负责有单位的雇员的缴款，自雇者的社保仍然由原来的机构征收，包括国家医保中心、失业保险机构和养老保险机构。也有部分国家仍然保留了独立的征收机构，在波兰，社保机构（ZUS）负责征收社保费，税务部门征税；德国和奥地利的各项社保缴款由法定疾病基金组织或医保机构征收；美国、英国、爱尔兰的社保征收则与税收相统一（Stanovnik，2004）[②]。

最近几十年中，许多欧洲国家已经转向统一的税收征管系统（例如爱尔兰，意大利，瑞典和英国），而从集中统一征收转向分散化征收的较少，代表性国家是俄罗斯。学界对澳大利亚社保和税收管理系统的整合问题也

---

① Barrand P, Ross S G, Harrison G. Integrating a Unified Revenue Administration for Tax and Social Contribution Collections: Experiences of Central and Eastern European Countries [J]. *Imf Working Papers*, 2004: 1–50.

② Stanovnik T. Contribution compliance in central and eastern European countries: Some relevant issues [J]. 2004, 57 (4): 51–65.

有不同的看法，早在 1983 年，迪克森（Dixon）和福斯特（Foster）[①] 研究认为，当时澳大利亚的社保和税收存在制度上的差异性和目标的不一致，考虑到成本等因素，并不适宜整合，更应该实行税费分离的管理体系；而英格尔斯（Ingles，1985）[②] 则认为，尽管澳大利亚在税收和社保方面有两个独立的管理系统，每个系统有各自的规则和程序，但其职责基本相同，如果在管理上进行整合，可以减轻行政负担和提高社会成员的遵从度；道金斯（Dawkins）等人（1998）[③] 也指出，转移支付制度比较复杂的原因就是，税收和社保等转移支付制度是分开管理的；英格尔斯（2000）[④] 进一步研究认为，纳税人与社保待遇享受者之间的重叠度很高且不断增长，整合税收和社保的征收，在减少行政重复、降低管理成本和提升公众认可度等方面都有积极意义，但整合前需要解决的是税收和社保征收基础即税基统一性的问题。韩国也经历了征收机构的探索，森舒尔（Sinchul，2007）[⑤] 指出，韩国分别于 1964 年、1977 年、1988 年和 1995 年建立工伤事故保险、医疗保险、养老保险和失业保险制度，在征收方面，工伤和失业保险由劳动部负责，医疗和养老保险由卫生与福利部负责。每个部门近一半的人员要负责征收工作，"四险"分开征管造成行政成本高昂、参保人不便等问题，征收基数、程序和时间的差异也导致信息共享与交叉核对困难，关于整合"四险"征管的争论和努力持续了二十多年，直到 2007 年新的征管制度才到国民议会中进行审议。世界银行（The World Bank，2012[⑥]）对印度尼西亚社保征收进行研究指出，印度尼西亚建立的五项社保计划是通过强

① Dixon D，C Foster. Integration of the Australian tax and social security systems by a linear tax：problems and benefits ［J］. *Ch.* 6 in J Head Ed. 1983.

② Ingles D. Integrating taxation and social security ［J］. *Social Security Journal*，December，1985.

③ Dawkins P，Johnson D，Scutella，et al. Towards a Negative Income Tax System for Australia ［J］. *Australian Economic Review*，1998：237-257.

④ David Ingles. Rationalising the Interaction of Tax and social Security：Part II：Fundamental Reform Options ［M］. Discussion paper NO. 424，November 2000.

⑤ Sinchul，Jang. The Unification of the Social Insurance Contribution Collection System in Korea ［J］. *Oecd Social Employment & Migration Working Papers*，2007：1-60.

⑥ The world bank. Design and financing of SJSN employment benefits ［R］. *Program and policy implications*. Issue 2，July，2012.

制性收费而非一般税收进行筹资，《社会保障管理机构法》（BPJS）要求建立两个全国性的社保管理机构（BPJS Kesehatan 和 BPJS Ketenagakerjaan），分别管理医保和其他四项保险制度，从实践看，在征缴方面最有效的方法是五项保险统一征收，可以避免参保者选择性参保，但与正式职工相比，非正式从业者的统一征收存在困难。

国际社会保障协会（ISSA，2010）[①] 强调，保障参保遵从度和提高征收率是社保管理的重要目标，没有合适而有效的征管系统则无法实现这一目标，也很难扩大社保覆盖面，还会影响参保者合法权益和制度运行的财务可持续性。伊诺夫（Enoff，2011）[②] 从六个方面分析了为什么要加强征收体制改革和提高遵从度。第一，有效的征收是保障参保人权益的前提，尤其是对那些缴款与受益相对应的保障制度而言，且有效的征管制度应该建立起参保人和征收机构间有效的沟通渠道；第二，有效的征收是社保财务可持续和参保人利益的保障，这需要准确计算参保人缴费额度和行政管理费用；第三，有效的征缴是提高公众对社保支持度的保障，较高的征收率和遵从度提高了公众对社保的信任度，反过来又会影响公众的遵从度；第四，有效的征收应该尽可能扩大覆盖范围，尤其是对非正式就业等参保困难群体；第五，如前所述，作为国际社保组织的成员，加强一国社保征缴、扩大覆盖范围有助于促进国际范围内覆盖人群的扩大化；第六，正如国际劳工组织（ILO）（2001）[③] 所述，上述五个目标的实现必须以有效的征收治理机制为前提，即加强社保决策和执行过程。在这六个因素的基础上，征收机构的选择也是重要方面。在被调查的 15 个国家中，有 6 个国家通过独立的社保机构对其管理的项目进行征收，包括阿塞拜疆的国家社会保障基金（SSPF）、意大利的国家社会保障局（INPS）、马来西亚的员工公积金（EPF）、约旦的社会保险公司（SSC）、菲律宾的健康保险公司（Philhealth）

---

① ISSA. ISSA strategy for the extension of social security coverage［R］. *Geneva，International Social Security Association*，2010.

② Enoff L D, Mckinnon R. Social security contribution collection and compliance：Improving governance to extend social protection［J］. *International Social Security Review*，2011，64（4）：99-119.

③ ILO. Social security：A new consensus［M］. *Geneva，International Labour Office*，2001.

和乌干达国家社会保障基金（NSSF）；有5个国家通过统一的社保机构征收各保障项目，如加纳的社会保障和国民保险信托机构（SSNIT）、摩洛哥的国家社保基金（CNSS）、日本的国民年金（Nenkin）、乌拉圭的社会保险基金（BPS）、墨西哥的社会保险局（IMSS）；还有3个国家即阿根廷、喀麦隆、英国通过税务机关征收社会缴款和税收。尽管通过税务机构统一征收社保费具有规模经济和数据共享性等优势，但其缺点也很明显，如逃避缴费和报告不足的问题，且统一征缴需要设计出适用于各部门的信息申报表单、减少雇主的行政负担。

第三节　文献评述

综上所述，关于社会保险筹资形式和征管体制的相关研究有以下特点：第一，从时间划分看，到目前为止，21世纪前十年和后十年讨论的重点有所差异，前十年较多探讨了"以什么形式征收"，即是否要进行费改税或开征社会保障税的问题，学者们分析了改革的依据和相关对策建议，但到目前为止，我国社会保险仍然是以费的形式进行筹资；后十年的关注点则集中在"谁来征收"的问题，提倡税务机关征收的研究多于坚持社保机构征收的研究，从现有的政策看，税务机构征收社保费已成定局；第二，从研究方法看，对筹资形式和征管制度的规范研究多于实证研究，且实证研究主要集中在2010年后，实证研究通过模型和数据从微观层面比较了不同征管主体对征管效果的影响；第三，在筹资形式上，社保领域的研究者多提倡采取现有的社保费形式征收，反对费改税，并从费改税的条件、税费的根本区别、费改税存在的政策和技术壁垒等方面阐明了理由；另一部分学者尤其是税收领域的研究者多认为，费改税已经具备了相应的条件，税收具有强制性、法制性、高效和低成本等诸多好处且能够克服社保制度现有的部分问题；第四，在征管主体方面，社保机构和税务部门各有其利弊，对二者征收效果的看法尚未达成共识，需进一步验证，但越来越多的学者认同税务部门征收社保税费的效果并提出了相应的理由；第五，从国际经验看，各国社会发展背景不同，征收制度也存在差异，但总体趋势是社保费从分散的征收主体向集中统一征收转变，且更多的国家采取税务部门征收社保税费的方式。

现有研究对认识社保税费的差异、了解不同征管模式的优劣和不同主体的特点具有较好的借鉴，为本研究奠定了基础，但目前的研究也有如下不足：一是就社保制度本身探讨筹资形式差异和税费争论的研究较多，而从理论层面深入分析税费征收形式本质区别的研究较少；二是关于征管主体效果差异的争议较多，从理论与现实相结合阐释征管制度改革合理性的研究较少；三是对代表性国家社保税费征收方式和主体的介绍较多，综合系统地比较各国社保征管制度的研究较少；四是对社会保险税或费的实体性征管方式研究较多，而关于社保费程序性征管制度的研究较少。

本研究认为，税和费的形式本身并不是选择何种征收机构的决定因素，隐藏在不同筹资形式背后的逻辑和机理才是进一步明确征管主体的依据；我国社会保险制度从无到有、覆盖对象从少到多、保障项目从窄到宽、筹资来源从单一化到多元化、待遇水平不断提高，都与不同时期的经济社会背景相关。社会保险费征缴方式的转变也应该用历史发展的眼光看待，并需要梳理出清晰的发展脉络；征管制度的改革应该立足国情和现实，也需要拓展国际视野和借鉴先进的制度经验，进行现状分析和国际比较也就成为必要。因此，本研究将在现有文献基础上，进一步理清社会保险的筹资形式的形成和主要征管模式及特点，结合相关理论分析社会保险费征收主体改革的主要依据，基于我国社会保险费征管制度的演变过程和发展现状，对各地征管主体转变进程进行分析，明确税务部门征管的优势、不足，面临的机遇与挑战，并比较和借鉴代表性国家或地区社会保险税费征管模式的优点，对我国社会保险费征管制度改革提供政策依据与建议。

第二章　社会保险税费征管的理论分析

世界各国建立了不同的社会保险制度模式，在这些制度下形成了各具特色的筹资形式，并建立了不同的征管体制，对其进行梳理有助于追溯社保税费征管制度形成的历史背景，明确现有征管制度的构成格局，展现征管主体改革的国际趋势。与此同时，社保税费征缴问题具有较强的实践性和实务性，包括征缴主体的选择、征缴机构的构建、征缴程序的安排、人才队伍的配置等，但在征缴主体选择的依据、征缴对象的遵从度、社保征缴与组织管理、征缴与经济发展的关系等方面，需要进行深入的机理分析，这也是当前研究尚存的不足之处。理清社保制度特点与征缴主体之间的关系，明确征缴主体与对象的行为对征缴过程带来的影响，分析征管政策对经济发展的作用机制，探索社保征缴主体转换对社会治理的积极意义，为社保征管改革的顺利进行提供理论指导。

第一节　社保制度模式、筹资形式与征管模式的构成

一、社会保险制度模式的形成

人类社会长期面临着生、老、病、死等不确定性风险及其带来的经济损失。人类社会发展早期，在漫长的、以自然经济为主体的农业社会中，家庭是社会生产的基本单位，简单的手工为主要生产方式，自给自足的小农经济下社会分工不发达，人们生产成果主要用于满足家庭需求，面对各类风险时的主要分担方式是个人、家庭或家族。对土地所有者、租赁土地者或者被拥有土地者所雇佣的人而言，土地本身便是一种重要的经济保障，

因而，早期社会发展中，基于血缘的家庭保障和赖以生存的土地成为人们面临风险时的主要"保护伞"，辅之以教会救济、行会互助或民间慈善，政府参与较少。直到16世纪，英国的"圈地运动"促使大量农民失去土地成为流民，贫困问题凸显，社会不稳定因素加剧，宗教性质的救济和民间互助无法解决根本问题，前期的镇压也适得其反，政府被迫开始救济贫民。1601年，《伊丽莎白济贫法》颁布，政府通过征收"济贫税"的方式筹资并发放救济金，实现富裕地区和贫困地区间的调剂和再分配。为了应对社会发展、济贫需求改变和改进旧济贫制度的弊端，1834年英国又通过了济贫法修正案，即《新济贫法》，进一步调整了对济贫对象和救助方式的要求。英国的济贫制度在很大程度上反映了政府对贫困人群的干预和责任，但在济贫实施过程中又以严苛的条件和施舍式的人道主义救济为前提，其根本目的是维护统治阶级的利益，很长一段时间内尚未形成规范的保障制度。但作为政府救济贫民的第一次重要尝试，济贫法的颁布缓解了社会矛盾，推动了后期福利制度的发展，直到20世纪，英国建立起现代意义的国民保险制度，传统济贫制度的作用逐渐被替代。

18世纪60、70年代开始的工业革命是传统农业社会向现代工业社会转变的重要变革，也是人类历史发展的一次重大飞跃。生产工具以机器取代人力，大规模工厂机械化生产取代个体工场手工生产，科学技术的作用开始显现，生产效率的提高使社会财富积累增加。需求的驱动、技术的进步与社会分工开始细化，使生产资料所有者和劳动力所有者之间产生分离，农业劳动力转移与城市化进程开始加速，社会关系发生转变，工厂雇佣制度下出现了雇主和雇员的不同角色，松散的自雇关系开始转变为资本主义产业工人和雇主间的"业缘"关系，长期而稳定的劳动关系由此产生。尽管这一时期资产阶级与工人阶级的矛盾重重，但与劳动关系相对应，工资劳动者可以享受相对稳定和可预期的劳动收入，从而保障劳动者及其家庭成员的生活需求。对劳动力市场而言，雇佣关系的外在价值远远超过了工作本身的范畴，即工业革命深化发展和劳资之间不断博弈，劳动保护被提上议程，个人、企业和政府共担风险的保障模式成为人们生活不可或缺的组成部分。因此，随着工人劳动者队伍不断壮大，越来越多的人进入稳定的就业关系之中，工资收入来源提供了必要的物质基础；同时，分工协作的社会化生产与生产资料私人占有使社会矛盾不断加剧，机器生产中的工伤事故和职业病增加，贫困、疾病等社会问题成为改革的"催化剂"；政治层面，统治阶级为维护其统治而采取了一系列解决劳资矛盾的措施，暴力镇压与必要的保障制度双重作用在一定时期发挥了稳定器功能；思想文化层面，各界对自由市场和政府干预的辩证关系有了更深入的认识，且原有的家庭保障功能已无法满足社会各类风险增加带来的保障需求的增加，社会保险制度应运而生。现代意义上的社会保险（保障）制度是指政府干预保险市场，以确保人们在面临各种可能导致经济困难的紧急情况即风险时，获得相应的保障或保护，也被看作是风险转移计划。

从历史发展看，社会保险（保障）制度大体经历了"建立→发展→成熟→改革"四个阶段。第一，社会保险制度的建立阶段。英国较早完成工业革命后，法国和美国也紧随其后，德国则因长期分裂割据而较晚开始工业革命进程，但其进展飞速。19世纪末，统一后的德国工业化和城市化进程加快，推动了生产力发展，带来了经济增长和物质财富的积累，工人劳动者数量迅速增加，随之而来的贫富分化、工伤事故增加、工资下降、失业等社会问题加剧了劳资矛盾，工人运动高涨，俾斯麦政府通过暴力镇压的方式并未达到解决社会矛盾的预期。在新历史学派和天主教主张的福利思想影响下，德皇威廉一世发布了"皇帝诏书"，首次提出构建"社会保险制度"的设想，并由俾斯麦具体实施了"胡萝卜加大棒"双管齐下的措施，颁布了《疾病社会保险法》（1883年）、《工伤事故保险法》（1884年）和《老年和残障社会保险法》（1889年）。[1] 这三部法律覆盖了养老、医疗、工伤和残疾人保障，标志着现代意义的社会保险制度建立起来。1911年，这三部保险法又合并成为《帝国保险条例》（RVO），1927年和1994年德国又分别建立了全国性的失业保险和长期护理保险，形成了完整的保险体系，覆盖范围也不断扩大。德国社会保险强制性要求雇主和雇员共同缴费参保，确立了社会风险共同分担机制，随后，丹麦、英国、意大利、法国、奥地利等欧洲各国纷纷效仿德国，建立起了本国的社会保险制度（如表2-1），

---

① 唐庆. 论俾斯麦时代德国社会保险制度的创建 [J]. 江汉大学学报（社会科学版），2011, 28（05）：41-45.

例如，法国 1894 年颁布《强制退休法》、挪威 1895 年颁布《工伤社会保险制度》、丹麦 1907 年颁布《失业保险法》，英国也于 1911 年颁布了第一部《国民保险法》，主要涵盖健康保险和失业保险。虽然各国社会保险制度有其不同的特点，但在缓和阶级矛盾、维护社会安定和巩固政治统治方面都发挥了稳定作用。

表 2-1　早期代表国家社会保险制度的建立

代表国家		养老保险	医疗保险	工伤保险	失业保险
西欧	英国	1908	1911	1897	1911
	法国	1910	1928	1898	1905
	荷兰	1913	1913	1901	1918
	比利时	1924	1944	1903	1920
北欧	丹麦	1891	1892	1898	1907
	瑞典	1913	1891	1901	1934
	挪威	1936	1909	1895	1906
	芬兰	1937	1963	1895	1917
南欧	意大利	1919	1943	1898	1919
中欧	德国	1889	1883	1884	1927
	瑞士	1946	1914	1911	1924
	奥地利	1906	1888	1887	1920

参考资料：方鹏赛. 当代社会保障学 [M]. 武汉：湖北科学技术出版社，2006.

第一，社会保险（保障）制度的发展阶段。20 世纪初，欧美诸国工业革命进程加快，工业文明纵深发展，科学技术推动社会发展，作为"托拉斯帝国主义国家"的美国经济走在了世界前列，但在社会福利方面，自由主义思想影响下政府干预较少。与此同时，资本主义固有的矛盾激化，生产过剩引发了市场供需严重失衡，金融市场也面临崩溃，30 年代资本主义世界经济危机首先在美国爆发。经济"大萧条"环境下失业、饥饿、贫困等问题凸显，面对社会的动荡不安，罗斯福政府进行了大刀阔斧的"新政"改革，强调联邦政府在公共事务中的干预作用。为了帮助老人、残疾人、失业者、无家可归者等困难人群渡过难关，1935 年美国颁布了历史上第一部《社会保障法》，首次在法案中使用了"社会保障"概念，并成立了社会保障署，标志着美国现代社会保障制度的建立，奠定了美国社会保障发展的基础。之后，为了弥补社会保障法存在的不足，美国国会又通过了几次修正案，扩展了保障项目和覆盖范围，形成了以养老保险、失业保险、医疗保险和社会救助为主要内容的社会保障制度框架，并由联邦和州政府承担保障责任。

第二，社会保险（保障）制度的成熟阶段。英国作为最早进入工业革命的国家，其社会保障制度发展具有代表性。早期的济贫制度和国民保险的发展使英国的社会保障制度已初具规模，并对缓和社会矛盾起到了重要作用。20世纪30年代的经济危机同样对英国带来了失业、贫困等社会压力，此外，第二次世界大战使经济衰退，伤亡、残疾、流浪、孤寡等人口大量增加，社会矛盾加剧，急切需要政府的救助。凯恩斯主义为国家干预提供了政策工具和理论指南，在政治、经济和文化等多重因素影响下，1942年英国社会保险和相关服务部际协调委员会发布了《社会保险及相关服务》报告，即《贝弗里奇报告》。该报告对英国社会保障的现状和问题进行了反思，并勾画了保障计划的宏伟蓝图，被视为现代社会保障制度发展和福利国家诞生的里程碑。《贝弗里奇报告》从国家整体利益出发，强调保障的普遍性和统一性，遵循权利与义务对等、保障最低需求等原则。贝弗里奇的福利思想对整个欧洲社会保障制度建设都有深远的影响，在贝弗里奇报告的基础上，英国先后又颁布了医疗、工伤、救济等相关法案，瑞典、挪威、丹麦、意大利等国也纷纷效仿并建立起福利国家制度，实现了"普遍性"的福利政策。这一时期的社会保障范围进一步扩大，保障项目增加，保障水平也有所提高，社会保障制度逐渐普及化、全民化、稳定化。

第四，社会保险制度的改革与调整阶段。进入20世纪70年代后，世界各国社保改革呈现发达国家和发展中国家两个不同的方向，即前者开始"做减法"，后者适度"做加法"。70年代初的"石油危机"触发了全球性经济危机，对发达国家的经济造成了巨大冲击，经济发展速度明显放缓，过高的福利水平也滋生了懒惰习气，影响了人们的工作积极性，人口老龄化加重，社会保险管理效率低下，国家财政不堪重负，各国社会保险制度进入"开源节流"的改革阶段。通过扩大税基、增加缴费等形式提高筹资水平，并适度增加个人责任，通过改革计发办法、减少保障项目等方式控制支出，促进制度可持续发展，部分国家还依照效率优先的原则建立起储蓄型保障模式。对于发展中国家而言，工业化发展放缓，经济发展水平较低，贫困问题仍然比较突出，在社会保障改革方面侧重于扩大社保覆盖面，进一步增强减贫和救助功能，适度提高保障水平。

经过上述四个发展阶段，各国都基于本国国情，建立起了不尽相同的社会保障制度，根据不同的特点可以划分为四种模式。第一，社会保险型模式，也称"投保资助型"模式，实行这种模式的代表性国家如德国、日本、美国、荷兰等。社会保险型模式既强调个人责任也注重互助互济、共担风险，保费主要由雇员和雇主缴纳，政府承担必要的"资助"责任，强调劳动者权利与义务相统一，待遇水平与劳动者收入和保费缴纳水平相挂钩，兼顾公平与效率。第二，福利国家型模式，其代表性国家有英国、瑞典及其他北欧国家。这种模式倡导社会保障或福利制度的"普遍性和全民性"，要求对涉及全体社会成员生老病死的各项需求给予全面的"一揽子"保障，涵盖了社会救助、保险和其他保障项目。福利型模式的资金来源主要是雇主缴费与国家税收，即通过较高的税收来支撑高福利，个人承担的筹资义务相对较少。第三，强制储蓄型模式，又称公积金制度，其代表国家主要是新加坡和智利。实行这种模式的国家以自我保障为主，强调权利与义务的高度对称性，雇主和雇员按照工资的一定比例缴费并建立专门的养老、医疗等账户，各账户专款专用，参保者之间无互助共济，政府只承担有限责任。第四，国家保障型模式，其代表国家主要是苏联、变革前的其他社会主义国家和我国改革开放前的保障模式。在这种模式下，社会保障事务由国家统一管理，其筹资主要来源于政府和企业，个人几乎不需要承担缴费责任，待遇水平较高且不与缴费多少挂钩。目前，实行这种模式的国家较少，本书对保障制度的研究集中在前三种保障模式。

二、社会保险筹资形式及其特点

不论世界各国采取何种模式的保障制度，都必须以可持续的筹资机制予以保障。与上述前三种社保模式相对应，各国社保筹资形式也可以分为社会保险税或费制、一般性税制和强制储蓄性基金制三大类。

　　社会保险税或费一般通行于各社会保险型模式的国家。这些国家通过征收专门的社会保险费或社保税的方式，筹集的社保专项资金纳入国家预算管理，实行专款专用。社会保险税或费的课征对象是工资支付额，一般实行比例税或费率，由雇主和雇员分别缴纳，并对收入过高或过低的劳动者规定缴款的上限和下限。社会保险税或费制度的主要特点是，保险款项的筹集遵循"权利与义务相统一、保险赔付与缴费纳税额度相对应"的原则，建立起了征缴和支付之间的联系。换言之，参保者只有按规定缴纳保费成为投保人，才能享受事先约定的保障待遇，从而体现一定程度的"有偿性"，也可看作是工资中用于特定需求、被推迟发放的部分。社会保险型模式通常采取"现收现付制"进行筹资管理，即以同一时期正在工作的所有人的缴费，来支付同期保险受益人的开支，如养老保险中正在工作的人缴费支付同时期退休人口的待遇。其好处是，通过建立横向的风险共担机制，即筹资环节的高收入与低收入人群间（高收入者缴费多、低收入者缴费少）的调节和待遇支付环节高风险（如老年人）与低风险（如年轻人）人群间的再分配，可以分散社会成员生、老、病、死所产生的经济风险，[①]且资金的流动性较好、保值增值的压力较小、管理成本较低；但这种筹资模式也可能引发代际矛盾，尤其是在人口老龄化加剧背景下抚养系数较高，投保人负担较重。在社会保险制度中政府只承担有限责任，如政策设计与监管或在必要条件下给予财政补贴。在这种模式下，社会成员对于缴费和待遇具有较明确的预期，制度的透明度较好，对税费征收的反感程度较低。但是，这种模式强调雇主的责任，有可能会加重企业负担，影响其参保缴费的积极性；对于灵活就业人员而言，因其缺乏稳定的劳动关系、收入波动大、流动性强，雇主缴费部分缺失，征管部门在征收和管理过程中的难度比较大，因而这一群体往往也是社保扩面的困难群体；对于没有就业的人群来说，缺乏"企业"这一载体，没有收入来源，使得这种以雇主和雇员共同缴费为筹资来源的保险模式难以覆盖到非就业群体，因而需要针对性地建立补充制度，以达到全覆盖的目标。目前，我国社会保险的筹资形式仍然是"费"，其中，对城镇职工按比例强制征收社保费，对自愿参加基

----

　　① 曹春. 社会保障筹资机制改革研究［D］. 财政部财政科学研究所，2012.

本养老和医疗保险的城乡居民按定额收费。这种征收方式适应了社保强制性与自愿性的灵活转变，也适应了我国社保尚处于改革完善和政策不断调整的发展阶段，但如前所述，"税"还是"费"的形式并不是哪个机构征收的决定因素。

福利国家一般崇尚建立包罗万象、"从摇篮到坟墓"并覆盖全民的保障制度，这些国家多数并未开征专门的社保税或费，而是通过国家一般性税收，如增值税、消费税、企业所得税、个人所得税、财产税等来筹集资金，社保支出也是作为财政支出的一个方面，通过预算的方式进行安排。在税收征缴过程中，通常遵循的是"支付能力"原则，即收入高的多缴税、收入少的少缴税，社会成员缴纳的税款与其享受的利益之间没有直接联系，通过筹资中的差异性和待遇的一致性实现成员间的互助和再分配，强调制度的"普惠性"。政府在福利型保障制度中承担全面责任，包括筹资、待遇支付、监管等环节。这种筹资方式有其利弊，一方面，采取一般性税收筹资方式，其课征对象可以是劳动所得、资本所得，也可以是消费行为等，课征范围较广、资金来源渠道丰富，能够较好地实现不同课税对象间的综合平衡，且更能体现社保收入再分配的特点，更加注重社会的公平性；另一方面，由于缴费和待遇间的关联度较小，这种保障模式对劳动者的激励作用比较小，尤其是在税负负担较重的国家，一定程度上可能抑制劳动者工作的积极性或满意度，而较高的待遇水平也容易产生"高福利陷阱"，从而降低劳动生产效率和产生资源浪费，对政府财政带来较大的压力，如2009年"欧债危机"爆发的重要原因之一便是盲目的高福利政策扩大了财政赤字和公共债务而政府无力偿还。

实行储蓄型保障模式的国家一般采取强制储蓄的方式进行筹资，即政府通过立法，强制性要求企业和个人将其工资的一定比例作为社会保障缴费存入个人账户，形成保障基金。个人账户按照使用的类别划分，具有较强的积累性，存入专户的资金可由专门的机构进行投资运营，参保方可获得相应的利息，储蓄账户积累的资金不能随意支取，只能在参保人养老、医疗、住房、教育等需求发生时，才能从相应的账户支付待遇，实行专款专用。强制储蓄性基金制是对个人不同生命阶段（如就业时期与退休时期、健康状态和患病状态）和不同需求发生时的经济调节方式，相比前两种保障模式，它的主要优点是，参保者个人缴费、个人或家庭成员使用，待遇与储蓄额挂钩，账户积累额度高则待遇水平高，其参保积极性更高，激励性更强，且能够为社会保障制度和国家经济建设积累发展资金，在保证资金安全和收益稳定的前提下，促进资源的再分配。但是，由于资金积累程度高、时间跨度大，这种模式面临的资金保值增值压力更大，对资金的投资运营和管理要求较高，需要强调资金的安全性以确保待遇的发放。基金积累式是基于个体生命周期的纵向积累，在效率方面更具优势，但也因缺乏横向的风险分担和互助共济的功能而在促进公平方面具有弱势，而且，储蓄率过高的情况下会挤占人们的消费水平，产生"挤出效应"，影响当前的经济发展。

三、社会保险税费征管模式的类型

社会保险税费征管模式的形成与社保发展的历史背景和筹资形式息息相关。自 19 世纪末德国首创现代社会保险制度开始，西欧国家早期的社保税费征收管理大多由专设的社会保障机构负责，这与当时各国通过社会保险费筹资的模式保持一致，即通过专门的机构负责社保费征管，实现基金的现收现付和专款专用。20 世纪 30 年代后，以美国、英国、澳大利亚等为代表的许多国家纷纷建立和完善了社会保障或社会福利制度，覆盖范围的扩展和保障待遇的提升对资金需求量增加，以税收的形式筹资可以扩大资金来源，因此，部分国家将社会保险（障）税看作与其他收入所得或工薪税一样，并交由税务部门征收管理，"统一式"征管模式开始盛行。20 世纪 70 年代末，随着信息化发展和政府面临的社会问题复杂化，传统科层制行政管理体系因机构冗杂、效率低下，而不能满足公共行政发展的需求，主张"重塑政府、政府再造"的新公共管理运动开始。新公共管理运动也深刻影响并带动了各国税务机构的重大改革[1]，税收组织管理机构的完善为部分国家通过税务部门征收社保税费提供了基础，越来越多的国家开始将社保税费征管职责从与税务部门"并行"的社保机构转向"统一"的税务部

---

① 伦玉君. 外国税务组织机构改革初步研究 [J]. 税收经济研究, 2013, 18 (06)：1-11.

门；而那些建立社保制度相对较晚的国家则可以更好地利用已经形成体系化和完善化的税收组织机构直接征收社保税费。20世纪90年代，中欧和东欧的部分国家或地区因为社保税费征缴不力，造成待遇给付不足，也给财政收入带来了压力，这些国家对应该由社保机构还是税收机构征收产生了激烈的讨论，主张转向税收部门征收的地区和国家居多，如克罗地亚、爱沙尼亚、匈牙利、拉脱维亚和斯洛文尼亚等国已经完成了整合，其他国家也在改革的探索过程中，他们都期望通过更好的征管系统来提升效率和效果。尽管目前两种征收方法在各国都有范例，但税务部门征收的国家数量占主导，且从并行体系过渡到统一征管的较多，似乎少有国家将运行良好的统一征收制度转换为双重征收主体并存的情况①。

有效的征管系统为社保运行提供了必要的财务基础，它是社保投资运营的资金来源，影响保障对象的覆盖面，也决定保障待遇是否能够按预期水平进行支付。世界各国社会保险税费征缴制度经过上述发展过程，形成了以下三种组织格局：一是社会保障机构征收社保税或费，税务部门征收其他税款，二者处于"并行"状态；二是由税务部门同时征收社保税费和税收，即"统一"形式；三是在两种基本征收主体之外，少部分国家探索把社保征收职责委托给社会第三方机构，如商业保险公司或基金管理者等，即"独立"形式。因此，目前各国社会保险税费征管模式可分为社会保障（保险）机构征管、税务部门征管和第三方机构征管三种，其代表性国家如表2-2所示。

表2-2　世界主要经济体社会保障税费征管模式

区域征管主体	社会保障机构	税务机构	第三方机构
亚太地区	日本　韩国　泰国 菲律宾　印度尼西亚	澳大利亚　新西兰	中国香港　新加坡 马来西亚
美洲	巴西　墨西哥　乌拉圭	加拿大　美国　阿根廷	智利　秘鲁　萨尔瓦多

---

① Barrand P, Ross S G, Harrison G. Integrating a Unified Revenue Administration for Tax and Social Contribution Collections: Experiences of Central and Eastern European Countries [J]. Imf Working Papers, 2004: 1-50.

续表

区域征管主体	社会保障机构	税务机构	第三方机构
西欧	德国　比利时　葡萄牙	英国　挪威　瑞典 芬兰　冰岛　荷兰 意大利　爱尔兰	法国
中东欧	瑞士　奥地利　希腊 波兰　捷克　立陶宛	俄罗斯　匈牙利　克罗地亚 塞尔维亚　保加利亚 罗马尼亚　爱沙尼亚 斯洛伐克　拉脱维亚 克罗地亚　阿尔巴尼亚 黑山　斯洛文尼亚	—

参考资料：Barrand P, Ross S G, Harrison G. Integrating a Unified Revenue Administration for Tax and Social Contribution Collections: Experiences of Central and Eastern European Countries [J]. *Imf Working Papers*, 2004: 1-50.

所谓社会保障机构征管模式是指专门的社会保障管理机构按照法律授权，依照规定的费基和费率，对参保人征收社会保障（保险）费，并对参保人和参保单位进行申报征收管理。这种征管方式属于典型的税费"分征"模式，即社保税费与政府一般税收相分离，社会保障机构负责收费，税务部门负责征收一般性税收，两者在功能上相互独立、"井水不犯河水"。在四种社会保障模式中，实行社会保险制度的国家多采取这种征管模式，代表性国家如德国、日本、韩国、比利时等。社保机构征收模式下，社保部门的权责范围比较广，在征管过程中负责社保申请审核、参保人登记、保费征收、受益资格认定和待遇发放等全程事务，征收社保费只是其经办管理的环节之一。

所谓税务部门征管模式是指由税务机关依照法律法规规定，直接向参保人和参保单位征收社会保险税或费，并与其他税收一样，实行同征、同查、同管，税费款直接缴入国库，由财政部门负责资金的监督管理。这种模式下，社会保障机构将其功能集中在参保登记、待遇支付等其他经办工作方面，而不负责税费征缴。从世界各国情况看，凡带有明显"税"的性质的社保缴款，一般都由税务机构征收，如实行全民福利体制的英国、瑞典、挪威等国是典型代表，此外，美国、加拿大、澳大利亚等也采用了这种模式。

还有部分国家通过法律或政府授权将社会保障税或费交由独立于社会保障管理机构和税务部门以外的其他机构负责征收。例如，交由私营的保险公司、基金管理机构或独立的自治机构负责社保账户管理和税费征收，代表性国家和地区如法国、智利、新加坡、中国香港特别行政区、马来西亚等。法国基于职业群体的划分构建了复杂的社会保障体系，包括针对工薪阶层的"一般制度"、针对农业收入者的"农业制度"、针对公职人群的"特殊制度"和针对自由职业者的保障制度，且每项制度内又有行业的细分，呈现高度"碎片化"的状态①。法国社会保障的职业化划分与其较早形成的行会主义文化密不可分，即按照行业不同形成不同的行业互助组织和阶层并维护其自身利益。在社保的征收管理方面，法国建立了全国性的"社会保险和家庭补助征收联合会（URSSAF）"，负责制定社保征收的大政方针；大区、省等地方则形成了数量众多的基金征收联盟，在全国联合会的指导下负责执行具体的征收工作。基金征收联盟是享有独立法人地位的自治机构，由参保代表或行业代表形成董事会进行管理，征收后的基金交由中央基金管理局统一管理，并按照实际需求拨付到各个保障账户②。20世纪初，智利便建立了针对白领、蓝领和公务人员的社保制度，覆盖了养老、医疗、伤残等项目，之后又拓展了覆盖对象和保障项目。在养老保险方面，与法国类似，智利也按照行业和职业建立了不同群体的保险制度，并由不同的机构负责征收和管理，保险基金采取待遇确定型现收现付制管理方式。50年代开始，由于缴费率不断上升、财政负担加重、管理效率低下、待遇和缴费间缺乏关联、各群体间存在不公平性等问题，智利的养老保险陷入了危机。在几届政府不断地酝酿和推动下，80年代智利进行了养老保险私有化改革，即引入个人账户，建立缴费确定型完全积累制养老保险，并由私营的养老金管理公司（AFP）负责征收、账户管理和投资运营③。智利的改革具有典型的创新性，秘鲁、哥伦比亚、萨尔瓦多等国也纷纷效仿这种模式。此外，中国的香港特别行政区、马来西亚和新加坡都建立了公积金

---

① 郑秉文. 法国高度"碎片化"的社保制度及对我国的启示［J］. 天津社会保险，2008（03）：41-44.

② 刘学民. 法国社会保障基金管理［J］. 中国劳动，2001（06）：48-49.

③ 房连泉. 智利社保基金投资与管理［D］. 中国社会科学院研究生院，2006.

管理中心，负责社保税费征缴、管理投资和待遇支付。

随着社会保险项目的完善化和多样化，部分国家在主流的征管模式基础上还对具体项目采取"混征模式"，即将不同的保障项目交由不同的部门负责征收。例如，美国拥有世界上最大的综合征税系统负责征收社保税，但它也拥有最大的私人养老金和个人账户系统，雇主、雇员和自雇人士可直接向私人基金管理机构缴款，另外，美国各州和地方政府也是失业保险、工伤保险计划的税费征收主体；澳大利亚采取了一项强制性职业年金计划，以补充基于"家计调查"并通过一般税收筹资的养老金计划，其征收过程则由基金管理部门直接负责；爱沙尼亚的养老和医疗保险计划主要通过税务部门征收"社会税"的形式筹资，而失业保险计划则是由专门的失业保险基金管理机构征收；荷兰建立了覆盖全民的国民保险计划（AOW）和强制雇员参加的职业保险计划，在筹资方面，前者由税务部门征收工薪税，后者则由"雇员保险管理局"（UWV）向雇主和雇员征收保费①。

尽管不同国家的征管模式不同，但将政府的重要收入整合到专业的税收管理机构进行征收，是政府战略改革和提升治理能力的一个组成部分，通过上文分析也不难发现，各国整合和加强税收与社保税费征收是国际趋势。整合税收和社保缴款主体的首要目标是实现最佳的征收效果，因为资金筹集对社保长期可持续发展至关重要。虽然税务和社保部门在数据要求、记录保留、覆盖范围、征收基础等方面存在一定差异，但两个原本相互独立运作的机构可以在功能上进行划分与合作，并进行交叉的数据检查、联合审计或相关信息交流，这种整合在制度转型时期也起到了重要作用。有证据表明，从长期目标看，一个强大而有效率的征收机构进行税费统一征收被更多的国家接受，许多进行税收管理改革的国家也在将社会保险征收责任逐渐转移到税务部门，如上文所说的中欧和东欧是典型代表。

---

① 郑秉文，房连泉. 社会保障供款征缴体制国际比较与中国的抉择［J］. 公共管理学报，2007（4）：1-17.

第二节　社会保险税费征管体制改革的机理

一、逆向选择与社会保险的"强制性"

如此前所述，不少学者谈到了社会保险税和费共有的"强制性"为费改税提供了制度基础，但笔者认为，现有研究并没有对二者强制性的本质进行区分。尽管税的强制性和社会保险费的强制性都是由于市场失灵而带来的，但二者的理论基础并不相同。

根据萨缪尔森（1954①、1955②）对产品属性的界定和分类方法，消费上具有非竞争和受益上具有非排他性的产品属于"公共产品"，同时具有竞争性和排他性的产品则为"私人产品"。所谓"非竞争性"是指增加一个消费者消费某种产品或服务时并不减少其他人对这种产品的消费数量和质量，即消费增加带来的边际成本为零，具有非竞争性的产品一般都是非稀缺资源，消费者消费该产品时可不对其收费；所谓"非排他性"是指某个人消费某种产品或服务时无法排除其他人同时消费该产品，且任何人也无法排除其不愿意消费的产品。非排他性主要有两层含义：一是在技术上无法实现排他，二是在技术上排他可行但成本很高从而"不值得"排他。产品的非排他性使"搭便车"现象应运而生，即由于非排他，个体不需要付费也可以享受该产品带来的好处，因而该产品的供方通过收费弥补成本或获得利润变得十分困难，自由市场环境下无人愿意提供该产品，便出现了市场失灵；为了满足公众对该产品的消费，政府作为付费方出现，并通过"强制性"的税收作为资金来源以弥补提供该产品的成本，实现"取之于民、用之于民"的目的，这便是税收"强制性"的基本逻辑。值得注意的是，政府提供的产品并不都是公共产品，甚至有很多私人产品（如婴幼儿免费

---

① Samuelson, Paul A. The Pure Theory of Public Expenditure [J]. Review of Economics & Statistics, 1954, 36 (4): 387-389.

② Samuelson P A. Diagrammatic Exposition of A Theory of Public Expenditure [J]. Review of Economics & Statistics, 1955, 37 (4): 350-356.

营养包、廉租房等），且政府付费提供产品并不等于政府必须亲自生产该产品，生产是一个将投入变成产出、更加技术化的过程，提供则是使消费者获得该产品的付费和制度安排过程，通过政府购买、公私合作（PPP）等模式可以实现付费主体和生产主体的分离，产品的属性并不是由其供给主体所决定的，因此，政府通过税收筹资后可以将产品的生产交给市场，这一理论已得到了丰富的论证①。

在中国的社会保障四大子系统——社会保险、社会福利、社会救助和社会优抚中，除了社会保险外，其他三项主要通过税收筹集资金，并通过政府转移支付的方式进行单向支付，受益方的权利和义务间不存在对称关系，但从理论上讲，这三项通过税收筹资的原因也有所差异。首先，社会救助是国家和社会对因自然灾害、低收入或丧失劳动能力等造成生活困难的群体给予的物质或精神救助，其目的是维持困难群体基本生活需求，促进社会公平和维护社会稳定。一方面，从理念上，致贫原因经历了从个人因素到社会因素的转变，而政府和社会在减贫方面的责任也逐渐被认识到，并被写入各国的法律法规，政府为贫困人群提供救助是维护其生存权的重要表现，作为脱贫攻坚的"最后一道防线"，社会救助发挥着兜底性作用，为贫困人群提供了"最基本的保障"；另一方面，社会救助通过一般性生活救助和专项救助（如医疗、教育、灾害、住房、就业等）实现社会成员收入再分配，由于受助者权利和义务的非对称性，决定了救助行为难以通过市场交易实现，除了社会慈善救助作为第三方非营利行为外，政府承担着缩小贫富差距和促进社会公平的主要责任，并通过税收和财政政策来实现这一目标，矫正市场失灵。其次，社会优抚是政府和社会针对军人及其家属等法定对象提供的、维持一定生活水平的资金和服务，社会优抚安置的资金主要来源于税收，这与国防的公共产品属性密切相关。如前所述，公共产品是具有"非竞争性和非排他性"的物品，国防属于典型的公共产品，其公共性体现在国防带来的全国性的"安全感"，而这种安全感是通过大量的人力、物力和财力的投入得以实现的，社会优抚在国防中的作用主要体

---

① 严妮. 生产与提供分离：我国医疗卫生服务供给模式研究［M］. 武汉：湖北人民出版社，2018：16-19.

现在激励军人。良好的社会优抚安置措施是解除军人"后顾之忧"的关键，也是提升军人积极性、减少其道德风险的重要方面。此外，从人力资源角度看，军人所接受的是培养和训练具有专用性，难以像专业化人才培养那样直接适应社会其他工作，因而，优抚安置也是解决其就业问题的重要渠道。最后，社会福利是社会保障中较高层次的保障制度，通过低费或免费方式提供公共福利（如文化教育、卫生、环保等）和特殊人群福利（如老年人、妇女儿童、残疾人等），旨在提升社会成员的生活质量。与社会救助相同，社会福利制度也存在受益与贡献间的非对称性，且福利制度存在外部性和一定的非排他性，也需要政府干预以减少福利领域的市场失灵。

社会保险收费与其他保障项目通过征税方式筹资依据的理论基础存在差异。尽管社会保险制度具有普遍性，面向全体社会成员，但与税收对应的公共产品不同，社会保险具有明确的竞争性和排他性，属于私人产品。一方面，社保基金是有限的，享受待遇的人数增加则会影响其他人享受待遇的数量和水平，如老龄化加剧使养老金需求量加大、养老保险的可持续性受到威胁，患病人数增加和医疗费用提高使医保基金面临"穿底"的风险，工伤事故或失业人数的增加则基金支出上升，因而，社保具有竞争性；另一方面，社会保险强调权利和义务相统一，即享受待遇是以参保缴费为前提的，未按要求参保则无法享受相应的待遇，因而，社保可以排他且成本较低。因此，与税收强制征收的原因不同，社会保险的强制性主要是由"逆向选择"（Adverse Selection）问题所决定的。

"逆向选择"是信息经济学研究的核心概念之一，与新古典经济学的"信息是完全的、'看不见的手'可以实现有效的资源配置"观点不同，信息经济学认为，信息是不完全的、不对称的，获得信息需要成本，因而会出现"逆向选择"这一类市场失灵。逆向选择理论最早由2001年诺贝尔经济学奖得主阿克洛夫（Akerlof, 1970）[①] 在二手车市场的研究中提出来，主要是指在委托—代理契约签订之前，具有信息优势的代理人利用这些信息签订对自己有利的合同，委托人则由于信息劣势而处于不利的选择位置上，

---

① Akerlof G A. The Market for "Lemons": Quality Uncertainty and the Market Mechanism [J]. *The Quarterly Journal of Economics* (3): 3.

从而出现利益受损的情况。在二手车市场上，由于车辆质量参差不齐，而卖方处于信息优势方、买方居于信息劣势，双方在不断地要价和出价过程中进行博弈，优质车因买方出价低而退出市场，便出现了逆向选择带来的"劣币驱逐良币"的现象。逆向选择在人力资源管理、市场交易、金融市场等领域普遍存在，保险市场的逆向选择更加突出。

罗斯柴尔德（Rothschild）和斯蒂格利茨（Stiglitz）（1976）[①]对保险市场的逆向选择做了深入研究。以各类健康保险为例，在自愿参保的保险市场上，由于保险公司和风险人群之间对个人健康状况的了解程度不同，即存在信息不对称，保险公司很难通过获得个人的具体健康状况而判断其风险水平，难以实行差别费率，在保费制定过程中采用平均保费。对保险公司而言，优势客户是健康状况良好的人群，而这一群体往往又是参保积极性不高的群体，即低风险的人更容易退出保险市场，保险公司得到的客户恰恰是健康状况较差或患病风险较高的人群。为了提高风险成本分担的能力，保险公司不得不采用提高保费、限制保障项目、增设补偿限额、提高待遇给付条件等方式提高补偿门槛，此时会有更多相对低风险的参保者退出，留下来的参保人风险更高，原有的保费无法分散其风险，保险公司不得不继续提高保费。在不断的循环过程中，保险公司会面临停止运转的风险，这种现象被描述成"死亡螺旋"[②]。正是由于逆向选择的存在，自愿参保的商业保险很难实现广覆盖，因而，我国在城镇职工基本医疗保险建立之初就强调职工强制参保，强制性越严格则越能克服逆向选择，这也正是税收和社会保险强制性的根本差异。城乡居民医保制度虽然采取自愿参保方式，但在制度设计上通过"个人少缴费和政府多补贴"的方式激励居民积极参保，这种方式对解决当时居民参保率低的问题起到了明显效果，但正是由于居民医保的强制性弱于职工医保，仍然有大量灵活就业的群体没有参保，这也是当前新业态发展背景下我国社保扩面面临的主要困难。

[①] Rothschild, Stiglitz. Equilibrium in competitive insurance markets: An essay in the economics of incomplete information [J]. *Quarterly Journal of Economics*, 1976, 90: 624-649.

[②] 罗森、盖亚（著），郭庆旺（译）. 财政学 [M]. 北京：中国人民大学出版社，2015: 153-154.

逆向选择带来的失灵促使政府不得不干预健康保险市场，在大部分国家，医疗保险或者由政府直接兴办，或者由非营利性机构组织进行管理。纵观世界各国医疗保险模式，以英国为代表的政府保险模式和以德国为代表的法定保险模式都是在政府干预下形成的。前者直接由政府举办，通过税收筹集资金、通过预算拨款分配资金；后者以法律强制规定雇主和雇员参保，实现互助共济和风险分担。美国虽然以商业医疗保险为主导，但这并没有打破逆向选择的客观存在性，"自愿参保"无法实现广覆盖，因而其克服逆向选择问题的手段仍然是增加"强制性"。首先，1996 年美国总统克林顿签署了《健康保险携带和责任法案》（HIPAA），通过法律规定保险公司不得因为身体健康状况拒绝企业集团参保的人群；其次，美国商业保险的参保人群中 90%是通过企业集体参保，在这种"团购"模式下，高风险人群和低风险人群之间的调剂效应比较明显，且团购的方式克服了逆向选择也降低了保险公司的交易成本，从而有助于保险公司降低保费、提高覆盖率，形成良性循环；再次，美国企业集团参保的可持续性还与医疗保险费的税收减免有直接关系，即保险费在工资税或公司税征收之前事先扣除，一定程度上，医疗保险成为企业的一种福利，提高了企业和雇员的参保积极性，化解了企业集团参保内部的逆向选择问题。因此，很大程度上，美国商业医疗保险的发展与政府的干预分不开，只是相对于英国和德国的保险模式而言，干预的程度和方式有所不同。与此同时，那些疾病经济风险较大的老年人、残疾人和贫困人群正是商业保险市场逆向选择最严重的群体，也正因为如此，他们成为美国公共医疗保险（Medicare 和 Medicaid）保障的对象，且联邦政府对 Medicare 的筹资和运行进行管理，Medicaid 则由联邦政府和州政府共同管理①。另外，由于逆向选择，在美国人群中，不符合商保参保规定又不满足政府保障条件的"边缘群体"则被排除在健康保险之外，成为没有任何医保的群体。

除了医保外，养老保险、失业保险、工伤保险等险种也存在显著的逆向选择问题。在养老保险中，影响被保险人待遇领取时间的主要因素是寿

---

① Rice T, Rosenau P, Unruh L Y, et al. The United States health system: transition towards universal coverage [J]. 2013, 19 (3): 41-44.

命长短和养老金替代率。保险人预期寿命越长其累计领取的待遇越多，而影响退休后预期寿命的主要因素是其健康状况，因此，健康状况越好、预期寿命越长的人其参保积极性越高；同理，养老金替代率越高的人其参保积极性更高，但这同时意味着保险人要支付更高的养老金，积极参保人群成为保险人的劣势客户，出现了逆向选择。失业保险中，参保人工作能力的强弱和工作的稳定性程度影响其参保积极性，工作能力越强、工作越稳定则其参保积极性越低，反之则越高，而工作能力弱、稳定性低的从业者正是保险人的劣势客户。工伤保险中，行业发生事故或职业病风险的高低，也会影响风险人群参保的积极性，事故风险越低者其参保积极性越低，参保积极性较高的高风险行业则是保险人的"劣质客户"。因而，在自愿参保条件下，各险种都存在不同程度的逆向选择，为了克服这一问题，我国职工的五大社会保险制度都是强制实施的，工伤保险还通过"差别费率"的方式减少逆向选择。与此同时，社保征收过程中，按规定诚信缴纳和偷逃缴的企业之间也产生了逆向选择问题，即越是诚信的企业往往都会按规定缴费，因而社保部门对其约束成本较低，而越不诚信的企业可能通过各种方式规避社保缴费，影响了制度的公平性，且增加监管成本。增加制度的强制性、禁止参保人退出，是克服这一问题的重要手段之一①。因此，无论是社保经办机构征收社保费，还是税务机构征收，逆向选择的存在要求增加社保征缴的强制性以提高覆盖率、缴费率和遵从率。

　　政府对社保的强制性既体现在参保环节，也体现在缴费环节。根据《社会保险法》，职工应当参加养老、医疗、工伤、生育、失业保险，其保费由用人单位和职工个人按规定缴纳；在缴费过程中，无论是社保机构征收还是税务部门征收，职工的社保费一般都是通过企业"代缴"的方式直接从工资中扣除。因此，税收和保费的强制性并不能作为是否实现费改税的主要理由，而在征收中哪一主体的强制性更高即更有利于克服社保的逆向选择问题，则更倾向于由该主体负责征收工作。从中国的现实看，目前税务部门建立了较为全面的法律制度和相对完善的征管体系，在税收稽核、

---

① 张欢. 中国社会保险逆向选择问题的理论分析与实证研究 [J]. 管理世界，2006（02）：41-49.

检查和处罚等方面具有明确的执法依据；相反，社保法律体系建设相对滞后，尤其是社保征收方面的法律依据不足，社保机构在执行过程中的强制力弱于税务部门，因而，社保费转交给税务部门征收具有可行性和必要性。但值得一提的是，由于雇主和雇员具有稳定的就业关系，税务部门对单位注册登记和职工收入等方面掌握了较多的信息，因而征收职工社保费具有优势，而对灵活就业者来说，其工作流动性大、收入稳定性差、工作场所和时间弹性化，税务部门和社保机构都无法全面掌握其就业信息，且灵活就业者缺乏稳定的雇主参与社保缴费，因而这一群体的社保征收措施需要更进一步探索。

二、道德风险与社会保险征缴的激励机制

信息经济学的另一个重要的研究课题是"道德风险"（Moral Hazard），它与社保制度设计息息相关。与逆向选择的事前（保险协议签订前）信息不对称不同，道德风险发生在事后，即在委托人将其权利让渡给代理人、代理人代表委托人进行决策和选择而形成的"委托—代理"关系后，由于委托人和代理人信息不对称，即委托人较少知道代理人的行为信息，且二者可能存在目标或利益不一致，代理人为了自身利益，利用信息优势，采取了有损于委托人利益的行为。道德风险起源于海上保险，指被保险人为了获利而故意制造保险事故从而损害保险人利益的现象；亚当·斯密在《国富论》（1776）中虽然没有直接使用"道德风险"这一概念，但已论述了道德风险的存在，即公司的董事们作为他人而非自己钱财的管理者可能出现的疏忽和浪费现象；最早对道德风险进行研究并将其引入经济学的学者是美国数理经济学家阿罗（Arrow，1963）[①]，之后保利（Pauly，1968）[②]、费尔德斯坦（Feldstein，1973）[③] 等人相继对道德风险理论进行深入探索。

---

① Arrow K J. Uncertainty and the Welfare Economics of Medical Care：Reply（The Implications of Transaction Costs and Adjustment Lags）[J]. *American Economic Review*，1965，55（1-2）：154-158.

② Pauly, M. The economics of moral hazard, Comment [J]. *American Economic Review*，1968，58：531-537.

③ Feldstein M S. The Welfare Loss of Excess Health Insurance [J]. *Journal of Political Economy*，1973，81（2）：251-280.

道德风险在人力资源管理、保险市场、医患关系等领域普遍存在，例如，在企业雇主与雇员间的委托—代理关系中，作为代理人的雇员对自身的行为更加了解，而雇主则处于信息劣势，当二者的目标不一致时，雇员为了自身利益可能存在迟到、早退、不认真工作等道德风险，因而，组织经常需要制定规章制度以约束员工行为，或者通过绩效制度和激励措施将员工与雇主的利益保持一致，从而减少道德风险。

在保险领域中，道德风险既体现在待遇支付方面，也体现在税费征缴环节，仍然以社保中的医疗保险为例。医疗保险是各险种中最复杂的一种，其原因是涉及了"两个市场、三方主体"，即医疗服务市场和保险市场，参保人、医疗保险机构和医疗服务供方即医疗机构三方。在医疗服务市场上，医生和患者之间存在信息不对称，医生处于信息的优势方而患者处于劣势方。患者无法像在其他商品市场一样通过反复选择和试验来确定商品的质量，也无法准确获知服务者的服务水平和服务价格；相反，作为服务的代理方——医生，对患者的病情、可能的治疗方案、医疗费用等有更多的认识，这种信息的不对称性加之医疗机构对科室或医生的绩效考核要求，很容易造成"供给诱导需求"的道德风险问题[1]，即患者的目标是"看好病、少花钱"，医生的目的是"看好病、赚点钱"，因而，供方可能为了自身利益（如绩效工资）对患者增加不必要但对病情无影响的诊疗或检查，如"大处方、大检查、不合理用药"等行为，增加了患者的费用负担（与此同时也会增加医保的给付负担）。在制度设计方面，解决患者和医生间信息不对称问题的方向有二：一是增强患者医疗知识，加强患者对治疗、用药合理性的判断，但从现实情况看，医学本身具有复杂性，增强个体疾病预防意识尚且不易，培养一名合格的医生更需数年的专业训练和实践，因而，从社会效益而言，这一措施由于巨大的成本而很难实现；二是合理引导医生行为，通过加强医生的薪资管理、明确医生权利和义务、科学考核医生和科室绩效等方式促进医生诊疗规范化，这一措施是目前需要进一步探索的方面。

---

[1]　周春红. 论我国医疗服务市场中的信息不对称 [J]. 卫生经济研究，2010，2010（4）：13-15.

在医疗保险市场上，医保部门对参保人、医疗机构分别进行"需方支付"和"供方支付"，从而产生双向关系，并且都存在信息不对称。在医保与参保人的关系中，参保人作为保险中的代理人和保险需方，其对自身的就医行为拥有更多的信息，作为委托人和供方的医保则很难对每一个参保人的就医行为进行监督，因而有可能带来就医过程中不合理利用医保资金的问题，如"多开药""一人参保、全家享受"等现象，甚至还出现患者和医疗机构"合谋"套取医保基金的行为，严重损害了医保方的利益。在医保与医疗机构之间，最理想的支付方式是按照服务"结果"支付，但由于医疗服务过程的复杂性和个体健康状况的差异性，作为委托人的保险机构一般只能清楚地了解医疗总费用，而对代理人——医疗机构的具体诊疗过程和与之相对应的收费信息了解很少，更无法简单地对治疗结果进行量化和评估，诊疗效果的"第三方验证"也十分困难，因此，在双方信息不对称前提下，目前的按项目付费、按服务单元付费等方式无法避免供方的道德风险，即医疗机构的过度医疗行为，增加了医保掌控医疗机构费用的难度①。在制度设计中，一方面对需方实施"起付线—共付比—封顶线"约束其行为，另一方面对供方采取多元化的支付方式，减少道德风险的发生。

除了医保外，其他险种也存在不同程度的道德风险。在养老保险中，是否参加养老保险将会影响其退休行为，即参保后选择提前退休的可能性更大，尤其是养老金替代率较高时，提前退休的可能性更大，这不仅会带来人力资源的浪费，还意味着保险支出将会增加，因而养老保险制度的实施与退休年龄密切相关，目前我国正在探索推迟退休年龄，也可减少道德风险；在失业保险中，当保险待遇较高时会带来"失业陷阱"问题，失业者主动就业的动机减弱，失业时间更长，领取更多的失业保险金，这与失业保险"暂时缓解失业者基本生活和促进从业者更好就业"的初衷相违背，因而失业保险待遇水平不宜过高，且根据缴费时间对应领取失业保险金额度不同，且设置最高领取月数；工伤保险与其他险种的支付范围有所差异，即不仅补偿工伤事故发生后的经济损失，还兼顾事前的工伤预防，其目的

---

① 彭晓娟，王健. 管理式医疗保险——多重信息不对称下的医疗行为 [J]. 兰州商学院学报，2008，24（3）：67-71.

正是减轻雇主的道德风险。工伤预防将会直接影响工伤事故发生率和损失程度，即预防越好风险越低，但对雇主而言，加强预防也意味着增加成本，参加工伤保险后则可将事故损失转嫁给保险人，预防工伤的动机减弱，工伤保险支出增加。因而在工伤保险费率设计时采取"浮动费率"的方式，将缴费高低与其在保险基金中支出的多少相关联，引导雇主加强工伤预防以减少道德风险。明确不同险种的道德风险基础上，社保经办机构应该在制度设计中完善筹资来源、标准和机制设计，科学设定待遇给付水平和支付方式，加强过程管理和控制。在这些方面，社保机构专业的团队、长期的经验积累等优势明显。

关于社保税费征收中的道德风险问题则不同于待遇支付。它一方面体现为缴款方即参保者的道德风险，另一方面体现为征收机构内部工作人员的道德风险。在社会保险费征缴过程中涉及缴费基数和缴费比例，按照1990年国家统计局发布的《关于工资总额组成的规定》和2006年原劳动和社会保障部发布的《关于规范社会保险缴费基数有关问题的通知》规定，计算缴费基数的工资包括计时工资、计件工资、奖金、津贴、补贴、加班加点工资、其他工资及特殊项目构成的工资，而各种奖励（如创造发明奖、科学技术进步奖等）、社会保险和职工福利方面的费用、劳动保护的各种支出等不纳入缴费基数；具体到单位和个人时，单位可以职工工资总额或者本单位职工个人缴费工资总额基数之和作为其缴费基数，个人则以上一年度本人月平均工资为缴费基数，但有上下限的规定，即本人缴费额在当地职工平均工资的60%—300%范围内进行核定，在范围内的按实际工资征收。但在实际征缴过程中，征收方与缴纳方存在信息不对称，即缴纳方作为代理人对自己实际的收入情况拥有信息优势，在缴费申报、核定、缴纳过程中，征收机构（原来由社保机构征收）作为委托方处于相对被动地位，无法完全掌握缴纳方准确的收入信息，在监管不严或处罚程度不高（如少缴额度高于处罚额度）的情况下，容易出现缴纳方在申报时少报、漏报、瞒报等机会主义行为，从而产生少缴、漏缴的问题，形成了缴纳方的道德风险。这种少缴、漏缴行为不仅会造成征收不实、保费流失，还会影响不同主体之间的公平性，即按实缴纳和虚报虚缴的主体之间不公，进而形成了不良示范效应。克服这种道德风险问题应该从两方面入手：一方面，增加征收方的信息获得渠道，就这一点来说，税务部门相对社保部门更具优势，税务部门拥有税收登记、申报、缴纳等完整的流程，掌握了更加全面的企业和职工财务信息，进一步明确纳税信息和参保缴费信息之间的通用性即可获得更准确的缴费基数，提高征管效率；另一方面，征收主体应该对缴纳方加强监管和稽核，对纳税基数与缴费基数有差异的应该及时核查，并对少缴、欠缴、漏缴对象给予必要的处罚，督促其按时、按实缴纳。

与此同时，社保费是否能够有效征收还与征收主体的行为有关。从人力资源管理的角度看，征收机构作为委托方，委托其征收工作人员即代理方按政策规定向缴纳方收费，对于征收人员在实际执行中是否规范行事的信息掌控程度上，委托方处于信息劣势而代理方处于信息优势。但征收工作人员作为"理性人"有其个人利益，包括征收的努力程度和可能的寻租腐败问题。一方面，按照政策规定征收，工作人员需要准确核定缴纳方的基数，增加稽核和监管的力度和频次，收集和掌握缴纳方是否按时缴款的证据材料，这需要征收者付出时间和个人努力从而形成了更多的交易成本，在缺乏明确的激励机制和监管制度下，征收者努力的动力不足，容易出现工作中的疏忽、敷衍、得过且过等消极低效问题，造成征收不实和保费流失；另一方面，在税费征缴过程中，工作人员在个人利益的诱导下出现寻租行为，如贪污税费款项、接受缴费方的贿赂、与缴费方合谋等，这些行为助长了腐败的社会风气，影响保费的公平征收，侵害公共资源，还会增加缴费方的游说和征收方谋划等交易成本，降低交易双方的效率。

道德风险理论对社保征收制度的启示在于：第一，探索社保最优费率与费基，兼顾社保待遇水平的适度性和参保成本最低化，增强参保者和企业的积极性与遵从度，减少逃缴、少缴现象；第二，社保部门应增加社保参保、缴费和待遇等信息披露，提升参保者的保障意识和对社保的认可度，推动他们及时了解自身的参保状态与缴费水平，并依法维护自己的权益，倒逼雇主按实参保缴费；第三，建立征收工作人员的激励机制，在岗位设计中将工资、考核、绩效、晋升等与征收工作挂钩，增强其积极征管的动力；第四，加强稽核与监督工作，根据税收相关信息核查企业参保信息，并增加现场稽核，同时对征收工作人员进行监督，减少寻租行为，对企业的不合规行为和工作人员的违规行为进行严格的处罚。

三、经济发展与社会保险税费征管体制改革

从内部看，社保税费征管体制改革需明确逆向选择和道德风险问题及其影响，从而进行有效的制度设计；从外部看，社保税费征管体制改革对经济发展和社会治理带来了不同影响。在经济发展中，首先，社保费由税务征管与减税降费制度相辅相成。经济发展新常态背景下，我国中央政府工作报告始终坚持实施积极的财税政策，通过减税降费、减租降息等方式扩大社会需求，增加经济发展预期。从结构上看，社保降费即"降成本"，是降低供给侧税费负担的重要方面。据《世界社会保障报告（2010—2011）》显示，我国五项社会保险缴费比例中企业和个人分别达30%和10%，总比例超过了国际20%的警戒标准，在世界各国的社保费率排名中居于前位[①]，对企业尤其是中小微企业而言负担较重。近些年，人社部、财政部等部门连续多次下调社保费率，如表2-3所示，2015—2019年多部门下发了降低社保缴费的政策。数据显示，近几年社保费率总体下调比例明显[②]，其中，养老保险费率降幅较大，从单位缴费20%降至16%，失业保险总费率降至1%，对企业提供了更多的利润空间。此外，在面临特殊的国内外环境时，国家还会阶段性地调整社保费率，减轻企业负担，保障就业，如2008年为了应对国际金融危机的影响，人力资源和社会保障部、财政部、国家税务总局发布了《关于采取积极措施减轻企业负担稳定就业局势有关问题的通知》；2020年面对新冠肺炎疫情，人力资源和社会保障部、财政部、税务总局再次发布《关于阶段性减免企业社会保险费的通知》和《关于延长阶段性减免企业社会保险费政策实施期限等问题的通知》，允许困难企业在一定期限内缓缴社保费或进行缴费减免。社保费持续下调是减轻企业和低收入参保人员负担的具体举措，对保就业、保增长、保稳定具有重要意义。与此同时，社保降费为税务部门征收保费奠定了基础，如前所述，社保费降下来、企业成本降下来，其参保的积极性才能提高；反过来，税

---

① 刘义圣，陈昌健. 社会保障费税改革："范式"选择与阙疑 [J]. 社会科学研究，2016（04）：51-57.

② 张一琪. 社保费用统一由税务部门征收，目的很明确—个人企业国家三者都成赢家 [N]. 人民日报海外版，2018-10-15（05）.

务部门征管也要求社保降费，降低费率才能减少税务部门全面征收和按实征收的阻力。

表 2-3　2015—2019 年社会保险费率调整政策

年份	政策	费率调整
2015	《关于适当降低生育保险费率的通知》（人社部发〔2015〕70 号）	对生育保险基金不同结余程度的地区采取不同的下调方案，生育保险基金累计结余超过 9 个月的统筹地区，应将生育保险基金费率调整到用人单位职工工资总额的 0.5% 以内。
2016	《关于阶段性降低社会保险费率的通知》（人社部发〔2016〕36 号）	从 2016 年 5 月 1 日起适度降低养老保险、工伤保险和失业保险费率，其中，养老保险费率降至 20%，结余可支付约束超过 9 个月可降至 19%；失业保险总费率可降至 1%－1.5%，个人费率不超过 0.5%；工伤保险和生育保险平均费率分别下降 0.25% 和 0.5%。
2017	《关于阶段性降低失业保险费率有关问题的通知》（人社部发〔2017〕14 号）	从 2017 年 1 月 1 日起，失业保险总费率降至 1%。
2018	《关于继续阶段性降低社会保险费率的通知》（人社部发〔2018〕25 号）	企业职工基本养老保险单位缴费比例下调至 19%，失业保险费率降至 1% 以内继续执行，工伤保险费率按照可支付月数继续下调。
2019	《关于印发降低社会保险费率综合方案的通知》（国办发〔2019〕13 号）	自 2019 年 5 月 1 日起，将养老保险单位缴费比例下调至 16%，继续实施失业保险总费率 1% 和工伤保险按可支付月数下调的政策。

注：本表由作者查阅文件和整理而来。

其次，从"宽税（费）基"的角度看，税务征收、社保降费和提高企业产能之间相辅相成。在税收领域，供给学派拉弗关于减税政策的基本原理（拉弗曲线）指出了"取民有度"的道理，即同样的税收收入可以通过高低两种税率获得，随着税率的提高，政府税收收入也会增加，但当税率超过某一限度时，继续提高税率反而导致政府税收收入减少。这是因为较高的税率意味着政府"与民争利"，人们的劳动成果更多地被政府征收，会带来负向激励，增加劳动者的道德风险，劳动生产积极性下降甚至中断将抑制经济的增长，长此以往，税基变小，税收收入下降；反之，减税可以

"让利于民"，提高劳动积极性，刺激经济增长，扩大税基，增加税收收入。同理，社保费是企业生产成本的重要组成部分，费率过高挤压企业利润空间会增加其逃费或违规的动机和风险。税务部门征收后可以利用其信息优势和强制力做到"应收尽收"和"做实费基"从而降低社保费率，等同于降低企业成本，有助于增加企业利润从而加大生产投资和扩大再生产，以此拉高社保缴费基数和扩展参保范围，最终提高社保基金收入，增加基金调剂能力，形成良性循环。

再次，社保征缴制度改革将会影响企业的人力资本投入，提升生产效率。从被保险人角度看，社会保险是解除劳动者生老病死等后顾之忧的制度保障和"安全网"，是用于弥补劳动者养老、疾病、生育、工伤或失业等风险损失的重要支出，从经济性质上属于人力资本投入。但社会保险制度也遵循权利与义务相统一的原则，即待遇的享受必须以参保缴费为前提，因而，通过税务部门增强社保征缴的强制性，使更多的劳动者按时参保缴费，实际是对劳动者权益的更好保障。与此同时，强化征缴和增强社保投入对劳动者具有激励作用，即提高劳动者对于薪酬福利的长期预期，更好地调节劳资关系，对劳动生产率的增长具有促进作用[①]，进而有利于整个社会生产效率的提升。从劳动力流动的角度看，不同地区采取不同的征管方式限制了劳动力的自由流动，降低了参保和缴费的"便携性"，征管主体的统一化有助于劳动者在不同地区迁移，提升就业的灵活性。从企业角度看，短期内税务部门征缴对企业按实参保缴费提出了更高的要求，也在一定程度上提高企业成本，但从长远看，规范化的征缴方式有助于转变企业对社保制度的认识，即更加强调社保对企业的积极作用，如减少工作中的道德风险，提升人才队伍稳定性，将社保成本转化为激励员工的人力资本投入，促使企业主动调整和优化人力资源结构，降低管理成本[②]，从而提高生产效率。

最后，规范社会保险费征收对促进企业公平竞争和营造良好的营商环

---

① 程欣，邓大松. 社保投入有利于企业提高劳动生产率吗？——基于"中国企业—劳动力匹配调查"数据的实证研究 [J]. 管理世界，2020，36（03）：90-101.

② 邓悦，王泽宇，宁璐. 企业社保投入提升了全要素生产率吗——来自中国的新证据 [J]. 江西财经大学学报，2018（06）：61-71.

境具有积极作用。一方面，不同规模、属性和经营范围的企业其利润空间有显著差异，税费负担的承受能力也不同，部分企业为了降低社保费成本而少报、瞒报实际就业人数或缴费基数，带来了社保参保缴费中的逆向选择和道德风险问题，相对于按实缴费的企业，那些少缴、漏缴的企业反而获利更多，不利于形成良好的社保缴费遵从和企业间公平竞争。从国际贸易视角看，过高的税费负担还会降低国内企业在国际上的竞争力。另一方面，税收征管流程中的各项手续作为税费缴纳的"遵从成本"会带来名义（法定）费率和实际费率的差异，即征收效率越高越能降低遵从成本，使缴费主体的实际费率越接近名义费率，从而真正使企业减负；反之，征收效率低会增加缴费以外的成本，即使降低保费也不利于达到为企业减负的效果。从前文的分析可知，税务部门相对社保部门有更规范的征收流程，"一体化"办公能够减轻参保单位的行政成本，参保方有更好的遵从度，更有利于提升降费的实际效果①。因而，规范社保费征管有助于营造公平的制度环境，构建有序的参保缴费秩序。

不可忽视的是，社保征管体制改革也不可避免地带来了消极影响，主要体现在对就业的"挤出效应"。征收范围的扩大和做实缴费基数对社会保险基金而言是有利的，但对企业而言，无疑会增加用工成本，尤其是对利润相对薄弱的小微企业而言，其参保能力较低，员工的流动性大因而参保积极性不高。短期来看，征收方式转变促进按实征收，会进一步增加企业的参保成本，造成部分企业难以为继，裁员或减少正式就业人员的雇佣则是企业降成本的重要选择，加之新型就业形态不断兴起和多样化，这势必会减少传统就业岗位，进一步加剧参保困难。因而，降低社保法定费率需与征管制度改革同步进行，切实降低企业负担，确保稳定就业。

四、社会治理与社会保险税费征管体制改革

社会保险费征管体制改革除了会对经济发展带来不同程度的影响，还与政府职能和社会治理密切相关。2019 年，中共中央《关于坚持和完善中

---

① 张斌. 减税降费的理论维度、政策框架与现实选择［J］. 财政研究，2019（05）：7-16+76.

国特色社会主义制度推进国家治理体系和治理能力现代化若干重大问题的决定》明确提出，"全面实现国家治理体系和治理能力现代化"是我国当前和未来一段时间内的重要目标，它涉及政治、经济、法治、行政、文化、民生等方方面面的治理体系构建；2020年《国家"十四五"规划和2035年远景目标纲要》明确指出，要深化税收征管制度改革，建设智慧税务，推动税收征管现代化。"改革国税地税征管体制，合并国税地税机构，划入社会保险费和非税收入征管职责"，是国家治理体系建设完善的重要缩影，也是新时代税收现代化和征缴规范化的关键环节，更是社会保险治理能力提升的内在要求。

第一，社保费征缴体制改革体现政府职能的转变。在宏观层面，此次社会保险费纳入税务机构征收范畴是在国税地税合并改革的背景下进行的，先进行国税地税合并，再纳入社保征收职能。从历史发展角度看，我国从20世纪80年代的"财政包干制"到1994年的"分税制"再到21世纪的国税地税"合作"直到现今的"合并"，反映了我国在财政管理和税收征管体制改革中的趋势和走向，并不断地理顺了中央和地方之间的财税关系，更加明确了各级政府财政收入、支出的权利和责任。在征税系统中，从顶层设计到内部整合，实现人员、机构的合并和文化的融合，形成了以"行政管理"为核心到以"功能治理"为导向的模式转变①，更加明确各部门内部职责和部门间协调联动机制，为更好地发挥税收在国家治理中的基础性、支柱性、保障性作用奠定了基础，也有利于提升基本公共服务供给的效率。同时，根据2018年国务院办公厅《关于印发基本公共服务领域中央与地方共同财政事权和支出责任划分改革方案的通知》，明确基本养老保险、基本医疗保障等为中央和地方共同事权，承担共同支出责任，并划分了中央和地方政府的分担比例。社会保险既需要中央政府统筹安排与决策，并对不同经济发展区域的差异化分担，又需要地方政府属地化管理和对具体经办事务的落实，二者需要在事权和支出责任上进行协调和规范。国地税合并和社保征收转交税务部门，既能更好地发挥税务部门的征收功能优势，又

---

① 李平，杨默如. 国家治理视角下的国税地税征管体制改革［J］. 税收经济研究，2018，23（05）：17-20.

能更好地协调中央和地方事权，即在社保费征收方面，地方税务部门掌握了更多关于征收对象的信息，可发挥区域管理优势、提高征收效率，而中央政府在调配资源、平衡地区差异和保障公平方面更具优势，可实现基本公共服务均等化和统筹提高征管效果。

在微观层面，社会保险费征收主体的整合，是落实国家关于"简政放权和深化放管服改革"要求的重要方面。2018 年《全国深化"放管服"改革转变政府职能电视电话会议重点任务分工方案》明确要"减并工商、税务、社保等流程，减证便民，打造信息共享的一体化服务平台等"，这对降低个人和企业在办证、登记等方面的交易成本和提升办事效率有积极作用，也是构建服务型政府的具体体现。税务部门征收社保费既可以使用同一套人力资源、行政资源、信息资源，从而减少社保部门的行政工作量，也可以利用税和费在征收程序上的共同性特点，纳税和缴费使用相同的编号进行注册和识别，收费时可利用征税系统中的收入信息确定缴费基数，雇主的信息登记或变更、保费缴纳和雇员社保费代扣代缴可以实现一体化办理，提高参保企业遵从度，对于迟缴、少缴、漏缴等行为可以通过信息系统及时追踪或稽核，提高行政效率。

第二，社保费征缴体制改革有助于社保多元参与格局的形成和征管效率的提升。社会治理效果的提升需要通过多主体参与者的互动与协同才能更好地展现，其实质是各子系统在平等的基础上更好地发挥自身的优势，共同对话、协商和参与公共服务，从而形成"主体多元性、系统协调性、各方联动性"的格局。具体到社会保险经办管理而言，其流程大体包括"参保人登记或变更参保信息（单位、职工和个人信息）→保费征缴（基数核定、申报与缴纳）→账户和基金管理（个人账户、统筹账户和基金投资运营）→待遇给付（待遇资格审核、待遇发放）"，涉及的主体主要包括社保行政管理部门（如人社部门、医保部门）、经办服务部门、保费征收部门、参保人、各类企业等。传统上，社保经办机构全权负责社保经办管理工作，具有流程上的完整性和管理中的专业性等优势，但征缴不足、基金管理不善、效率低下、监管乏力等问题也很突出，其原因之一，主要是缺乏多主体间的制衡与有效的监督机制。当前社保征缴体制改革后有助于形成"社保或医保部门经办—税务部门征收—财政部门专户管理—审计等多主体参与监督"的协调和联动机制，不同部门各自发挥其优势更有助于提升管理效果。

首先，税务部门作为专业的税费征收机构并经历了"金税工程"建设，已经具备了经验丰富的人力资源、比较完备的信息系统、覆盖全国的征收网络和完善的征管流程等优势，将社会保险费纳入税务部门征收可以便捷地利用其优势。一方面，税务部门在征税过程中已经建立了企业和职工收入的信息档案并及时更新，税收检查和稽核工作也更为熟练，为社保征缴按实征收和应收尽收提供了条件，有助于减少少缴、漏缴现象，降低行政成本，提升基金待遇支付能力；另一方面，对参保的企业和个人而言，在企业注册和税务登记过程中，可同时进行社会保险登记，充分发挥营业执照、组织机构代码证、税务登记证、社会保险登记证和统计登记证"五证合一"的便捷性，降低多部门、多手续、多审批的交易成本，有助于提高参保人的遵从度。其次，经办管理部门从繁杂的征收工作中解放出来，把更多的精力放在账户管理、待遇审核与发放及对协议单位（如定点药店、定点医院、养老服务机构等）的管理上，更好地作为服务型部门为参保者提供更高质量的服务并提高综合福祉。再次，在社会保险基金财务管理方面，根据《社会保险基金财务制度》（财社〔2017〕144号），财政部门按照不同的险种建立财政专户，用于接收社会保险费收入、利息收入及其他收入、财政补贴收入、转移收入等，各险种分账核算、专款专用，并通过收支预算加强基金管理。税务部门征收的基金收入纳入财政专户，基金支出需由用款单位根据预算向财政部门提出申请审核后从专户拨付，实现收支两条线。最后，在社会保险监管方面，财政部门、社保行政部门、征收部门、审计机关对社会保险基金的收支、管理和运营情况进行政监督，参保者、社会组织和研究人员进行社会监督。

在多主体参与模式下，有三个方面需要在改革中逐渐完善：一是进一步明确各部门的职责范围和边界，清晰地划分各主体的责权，如税务部门和经办管理部门在社保稽核和执法中的角色，不同部门关于保费征缴时间、范围等细节的协调；二是打破部门间的信息壁垒，税务机关和经办机构之间构建平等合作关系，相互提供参保登记和征收的相关信息，并实现信息联网机制，形成明晰的数据，及时向参保人和公众进行信息公开，增加制度的透明度；三是强化部门间协同与制衡，形成明确的问责机制，问责是建立在清晰的职能划分基础上的，各环节存在问题时应该可以直接对应到相应的部门或责任人，减少相互推诿或"三不管"问题。

第三，社保费征管体制改革与民生保障。社会保险制度不断完善是提高民生保障水平的必经之路，而社保费征管体制改革不只是经办业务的划转、职能调整和部门间协同，它还将"倒逼"社保制度改革完善。首先，税务部门全责征收社保费意味着企业需要按实际就业人数缴纳保费，个体经商户、自雇者等凡是涉及缴税的主体都将在税务部门建立信息档案，这将是社会保险参保缴费的重要依据。相比传统的社保部门核定征缴而言，税务部门可变被动为主动，在很大程度上减少企业少报、个体经商者不报和自雇等灵活就业者不参保等问题，提升社保实际参保率，逐渐实现全覆盖；其次，社保部门掌握了企业和个人更加准确的收入信息，也有助于落实社保缴费基数。如前所述，缴费基数不实是社保征收中面临的难题，其主要原因是社保部门难以准确掌握企业和个人收入，企业为节省成本往往以较低的基数缴费，它损害了制度的公平性，影响了基金的可持续性。税务部门在信息的全面性和征管的权威性、强制性方面更具优势；再次，与覆盖范围和缴费基数密切相关的是社保缴费比例。社保覆盖范围越广泛，逆向选择问题越少，"基金池"扩大化从而互济能力越强，基金收入增加的同时交易成本降低，缴费基数做实也意味着基金收入增加，因此，下调缴费比例也成为水到渠成的改革措施，它不仅不会影响基金收入和待遇支付，还会提高企业和个人参保缴费积极性；最后，与社保费征管体制改革相伴的还有社保法治化建设，在社保和税务立法中，需进一步明确社保征收责任相关法律法规，保障税务部门征收和其他环节的协调，并实现各部门在征管过程中有法可依。综上所述，加强社保费征管体制改革是当前完善社会保险制度的关键环节，也正是提升社会保险治理能力需要着力的地方。

第三章　我国社保费征管体制的
演变过程及现状

第一节　我国社会保险费征管方式的发展历程

总体而言，我国社会保险制度发展经历了"从国企到各类企业、从城镇到农村、从单位人到城乡居民"不断扩展的过程，而社保费征管制度的演变与社保制度的建立和发展过程相伴随，不同时期的征管制度安排也顺应了当时的发展需要。首先，新中国成立初，我国经济与物质基础严重不足，在计划经济体制之下，社保制度作为一种特定的职业福利，主要适用于国有企业职工，且不同企业的福利待遇存在较大差异，保险征管主要由工会负责，征收制度安排相对宽松，企业具有较大控制权；其次，随着改革开放的推进，市场上多种所有制企业逐渐增多，社会保险需求和参保范围增加对社保管理提出了更高要求，传统的企业保险无法适应经济和社会发展的要求，建立专门的机构负责社保资金的征收与管理成为必要，社会保险费交由社保机构负责；再次，随着市场化进程加深，国家对财税体制也进行了一系列改革，中央政府把更多的自主权下放给地方政府，这也包括社保费征管的职能，各省有了社保费征缴的自主决定权，部分省份也开始通过税务部门代征作为突破口以缓解社保机构的征管压力；最后，经过多年的探索，在国地税合并和征管体制改革的背景下，社会保险费征管也将统一交由税务部门负责。

一、劳动保险制度建立与工会征收阶段（1951—1985 年）

新中国成立之初到改革开放前，我国建立了与计划经济体制相适应的"国家负责、集体包办"的社会保险制度模式。在城乡二元经济结构下，城市建立了以企业职工的劳动保险和国家机关、事业单位人员养老与公费医疗保障并行的"双轨"制，农村则依托集体经济建立了个人和集体筹集、大队或公社卫生院管理的合作医疗制度（即"老农合"），其中，劳动保险是主体部分。

早在 1949 年，中国人民政治协商会议第一届全体会议通过的《共同纲领》第 32 条就明确规定，要"逐步实行劳动保险制度"，之后颁布和修订的宪法中也多次提到要举办劳动保险制度。1951 年，为了保障职工的健康和缓解特殊生活困难，原政务院颁布了《中华人民共和国劳动保险条例》，标志着我国开始实行劳动保险制度。条例规定了劳动保险的实施范围主要是雇用工人与职员数在 100 人以上的国营、公私合营、私营及合作社经营的工厂、矿场及其附属单位与业务管理机关和铁路、航运、邮电等各企业单位及附属单位，主要保障职工因工伤、疾病、直系亲属死亡、养老和生育等引发的相关待遇需求，待遇水平由政府决定，形成了初步的"五大保险"体系；劳动保险的筹资以企业所有职工工资薪酬总额的 3% 为每月缴费比例，全部由企业负担，不得从职工工资中扣除或向职工另行收缴；征管方面，中华全国总工会是劳动保险管理的最高领导机构，企业每月缴纳的劳动保险金由指定的国家银行代收，其中 30% 存于中华全国总工会户内，用于全国统筹和调剂分配，由中国人民银行代理保管，另外 70% 的劳动保险金存于该企业工会基层委员会户内，作为劳动保险基金，用于职工待遇的发放。作为维护职工合法权益的主要组织，工会在保费征收、基金管理和保障职工社保权益方面发挥了不可替代的作用。工会组织的发展与职工劳动保险的管理需求相适应，即在全国总工会的统筹协调下，基层工会具有较好的信息优势，既能较好地了解企业盈亏状况和基金征收水平，也能够及时、详细地掌握职工的生活困难和利益诉求，并及时按规定对职工给予保障和救助。

劳动保险制度的实质是企业负担、工会管理的职工保障，它对减轻职工生活中的困难和提升职工的劳动热情起到了积极的作用。随着国家经济状况的恢复和好转，1953—1958 年间，国家对《劳动保险条例》进行了修订，进一步扩大劳动保险的覆盖范围，提高了待遇水平。随后，政府在养老和医疗待遇方面积极探索建立了独立的保障制度，形成了建国初期以企业和国家为责任主体的社会保险体系，如职工退休养老安排、机关事业单位退休办法、公费医疗制度等。在农村，以合作社和人民公社化为基础的集体经济下，互助性的农村合作医疗制度开始兴起，为解决当时农村缺医少药的问题提供了新的路径，"农村合作医疗制度、县乡村三级医疗卫生网和赤脚医生"共同构成早期农村卫生工作的"三大法宝"。

　　60 年代后期至 70 年代末，劳动保险制度经历了"停滞"阶段，其中以 1969 年财政部发布了《关于国营企业财务工作几项制度改革意见（草案）》为代表，规定国营企业停止提取劳动保险金，企业职工的退休金和劳保支出在营业外列支，劳动保险更进一步演变成企业承担全责的"企业保险"或"单位保险"[①]。同时，这一时期负责管理企业劳动保险业务的各级工会组织逐渐被解散，使劳动保险征管和待遇发放出现管理主体上的缺位问题，直到 20 世纪 80 年代早期，职工的退休、退职管理制度有所恢复，中华全国总工会成立了劳动保险部继续参与劳动保险的管理和改革工作，但此时全部保险费仍然依靠企业负担，缺乏社会统筹，企业的负担日益加重。企业保险和政府负担的机关事业单位的保障制度虽然与建国初期的计划经济体制和经济发展水平相适应，即国家对保障制度的控制、分配和调剂作用比较明显，尤其是机关事业单位保障完全由政府负责，但劳动保险覆盖范围有限，待遇水平较低，层次相对单一，企业承担的筹资责任较重，个人责任较少，分担机制不明显，缺乏可持续的筹资机制。随着改革开放到来、组织机构改革、部分制度的中断、征收的强制性不足和企业竞争的加剧，部分企业退出了劳动保险，进一步缩小了保障范围，保费征缴也随之被搁置。工会在保障制度管理中的责任逐渐弱化，其主要权力也逐渐让渡给政府各级劳动部门，从直接征收转向参与监督。

---

　　① 郑秉文，于环，高庆波. 新中国 60 年社会保障制度回顾［J］. 当代中国史研究，2010，17（02）：48–59+125.

二、社保改革与劳动保险机构征缴阶段（1986—1997 年）

改革开放使中国从高度集中的计划经济转向充满活力的社会主义市场经济，多种所有制经济结构和多元化的分配方式逐渐建立起来，市场机制下企业用人和劳动者择业的自主权大大提高，有限的"企业保险"覆盖范围无法满足多元化的组织形式发展需求，阻碍了劳动人口的自由流动；同时，在市场竞争中处于劣势的群体（如老人、儿童、残疾人等）和贫富差距的拉大急需政府的干预，且原有的保险制度本身也处于停滞状态，社会保险制度改革势在必行。

1986 年，为了提高劳动者工作积极性和保障劳动者合法权益，国务院出台了《国营企业实行劳动合同制暂行规定》，对劳动合同制员工的工伤、医疗、待业期待遇做出了规定，并重点开始对劳动合同制工人退休养老实行社会保险制度，要求企业和劳动合同制工人共同缴纳保费，政府给予适当补贴。企业缴纳的退休养老基金数额为劳动合同制工人工资总额的 15% 左右，由正式开户银行按月代为扣缴，转入当地劳动行政主管部门所属的社会保险专门机构在银行开设的"退休养老基金"专户；职工个人缴纳的养老保险金不超过本人标准工资的 3%，由企业按月在工资中扣除，向当地劳动行政主管部门所属的社会保险专门机构缴纳。同年，国务院还颁布了《国营企业职工待业保险暂行规定》，开始实施失业保险制度，并由待业保险机构负责保费收缴工作。由此，企业全责的保险制度正式转变为个人、企业和政府共同承担的、真正意义上的社会保险制度，但这一时期社会保险的主要覆盖对象是国营企业的职工，范围相对较小。在经济体制转型的过渡期，党的十四届三中全会进一步明确国有企业向现代企业制度改革的方向，个体、私营、外资等多种经济成分发展起来，对社会保险扩面提出了更高要求。

1991 年 6 月，国务院发布《关于企业职工养老保险制度改革的决定》，进一步要求建立以基本养老保险、企业补充养老保险和职工个人储蓄性养老保险为主的"三支柱"保险制度，基本养老保险费由企业和职工个人缴纳，转入社会保险管理机构（劳动部所属的非营利性事业单位）在银行开设的"养老保险基金专户"，并实行专项储存、专款专用，地方各级政府养老保险基金委员会对养老保险基金的管理进行指导和监督。1995 年，国务院发布了《关于深化企业职工养老保险制度改革的通知》及其实施细则，进一步将养老保险扩展到城镇各类企业职工和个体劳动者；1997 年，国务院《关于建立统一的企业职工基本养老保险制度的决定》，正式建立"社会统筹与个人账户"相结合的养老保险制度，规定企业和个人分别缴纳企业工资总额的 20% 和个人工资的 11% 作为保费，明确社会保险行政管理部门的主要任务是制订政策、规划，加强监督、指导，保费由各级社会劳动保险机构按月收缴，而管理社会保险基金一律由社会保险经办机构负责。

除了养老保险，原有的公费医疗和劳保医疗制度也因覆盖范围有限、筹资来源不足、国家与企业负担过重和管理水平低下而亟待改革。为了降低医疗费用、减轻企业负担和适应社会主义市场经济的发展需要，1994 年，国家体改委、财政部、劳动部、卫生部联合发布《关于职工医疗制度改革的试点意见》，要求基本医保应该覆盖全体劳动者，代表性试点地区有"深圳""两江（镇江和九江）""海南"等，分别探索了不同的保险模式，但都建立了"社会统筹+个人账户"制度，并规定职工和用人单位应按时向社会保险机构缴纳医疗保险费，保险费存入保险机构在银行开设的医疗保险专户；1996 年，基于"两江试点"经验，国家进一步扩大试点，医保基金由社会医疗保险事业机构负责经办，具体收缴工作可委托银行代办。农村的改革也在同步进行着，家庭联产承包责任制的实施，将土地的所有权和经营权相分离，包产到户、包干到户提高了农户劳动积极性，农村原有的基于集体经济的合作医疗也因土地经营分散化而失去了经济基础，"老"的农村合作医疗衰退下去，"新"的制度正在酝酿。此外，1994 年劳动部还发布了《企业职工生育保险试行办法》，也要求企业按照工资的一定比例向社会保险经办机构缴纳生育保险费；同年，《中华人民共和国劳动法》颁布，明确规定国家建立社会保险制度，劳动者在年老、患病、工伤、失业、生育等情况下享受社会保险待遇，社会保险基金经办机构依照法律规定收支、管理和运营社会保险基金；1996 年劳动部进一步颁布了《企业职工工伤保险试行办法》，以保障劳动者在工作中受事故伤害或患职业病后的相关权益，明确工伤保险实行行业差别费率，工伤保险基金的筹集和管理工作则由县级以上工伤保险经办机构负责。

社会保险费转向劳动保险机构征收与当时的组织机构改革背景有直接联系。1949 年，国家行政机构设立了中央人民政府劳动部和中央人民政府人事部，分别管理劳动就业行政事务和人事工作，劳动保险制度由劳动部领导和管理；1954 年国务院成立后对组织机构进行调整，并将中央人民政府劳动部改为中华人民共和国劳动部；50—70 年代末，劳动部先并入了国家计划委员会，后又从国家计划委员会独立出来，并形成了国家劳动总局；人事部相继被国务院人事局、内务部政府机关人事局所替代，后又交由中央组织部和民政部政府机关人事局管理相关事务，直到 1980 年成立国家人事局。1982 年，为了精简机构，国家劳动总局、国家人事局和相关机构合并成立劳动人事部，1988 年劳动人事部又经历了分离，随后进行了多次改革调整，到 1998 年，在劳动部基础上组建了劳动和社会保障部并管理劳动保险事务，现行的人力资源和社会保障部则是由 2008 年的人事部与劳动和保障部整合而来①。组织机构改革早期，劳动保险制度管理主体不稳定对制度的发展带来了不利影响，工作交接频繁、责任边界不明、保障连续性较差，随着管理主体的明晰化和管理制度逐渐规范化，社会保险费征管和制度改革才变得更加顺畅，职工保险制度体系初见雏形，（社会）劳动保险机构作为主要的经办机构负责保费的征缴与管理。

三、双重征缴主体并存阶段（1998—2014 年）

随着参保人数逐渐增加，基金收支压力增大，社保机构征收任务加重，探索更加高效的征管方式也成为社保制度发展的重要方面。这一时期既是社保机构和税务部门征收并存的阶段，也是"双主体"转向"统一征收"的过渡阶段。1998 年，财政部、劳动部、国家税务总局等联合发布了关于《企业职工基本养老保险基金实行收支两条线管理暂行规定》的通知，明确了企业和个人共同缴纳养老保险费，依法按规定确定缴费比例，征收主体由省级人民政府确定，可由社会保险经办机构负责征收，也可税务部门代征，首次在政策层面提出税务机关可参与社保费征收。同年，在积累试点

---

① 中国社会保障 70 年大事记 [J]. 中国社会保障，2019（Z1）：14-29+36-119+126-165.

经验的基础上，国务院发布了《关于建立城镇职工基本医疗保险制度的决定》，标志着城镇职工基本医保制度正式在全国建立，企业和职工个人共同缴纳保费，并由社保经办机构负责基本医保基金的筹集、管理和支付工作。1999 年 1 月，国务院发布了《社会保险费征缴暂行条例》，进一步明确了职工基本养老保险费、基本医疗保险费、失业保险费的征缴范围、费基和费率，这三个险种涉及对象范围广、基金收支额高、影响广泛，因而要求三大保险集中统一征收，而生育保险和工伤保险正处于建立和调整期，且地区差异相对较大，因而其征收和经办管理被授权给地方人民政府决策，各地也有所差异；在征收主体方面，养老、医疗和失业保险费的征收机构由省、自治区、直辖市人民政府规定，可以由税务机关征收，也可以由劳动保障行政部门按国务院规定设立的社会保险经办机构征收；单位的参保登记或变更、缴费申报和费额的确定明确由社保经办机构负责，由税务部门征收的地区也由社保经办机构提供相应的信息，二者有权对参保单位进行缴费情况检查，这为之后部分地区采取税务部门"代征"模式提供了政策基础。至此，职工社会保险费的征收由社会保险经办机构单一征收转化为由社会保险经办机构和税务部门征收并存的状态。

为了进一步规范各地社保费征缴，1999 年 3 月和 4 月劳动和社会保障部与国家税务总局分别发布了《社会保险费申报缴纳管理暂行办法》和《关于加强税务部门代收费工作有关问题的通知》。前者对社保经办机构征收社保费进行了详细的规定，即社保经办机构需要负责单位的参保登记、缴费申报与核定、保费征收和稽核工作，并要求社保费应统一由一个机构合并征收，更正前期存在的"协议缴费"或企业自提保费等做法；后者则对地方税务机构征收社保费的相关问题作出具体要求，各地税务机关需正确处理代收费与征税的关系，通过税务部门收费替代建立单独的"收费局"，这对整顿收费秩序和后期的社保费征缴奠定了基础。在中央的指导下，各地纷纷发布社保费征缴的具体办法或细则，探索不同的征收主体和模式，形成社保机构征收和税务部门征收的共存的局面。

具体而言，1999 至 2004 年间，山西省、四川省、新疆维吾尔自治区、广西壮族自治区、吉林省、河南省、甘肃省、贵州省、山东省、江西省、西藏自治区、上海市、北京市、天津市等地区相继发布社保费征收的相关办法和通知（如表 3-1），要求由社保经办机构作为征收主体，对职工的各险种进行统一征收和分账管理。但各地征收险种有所差异，四川、广西、贵州、山东省和天津市实行"五险"统一征收，山西、新疆、吉林、河南、甘肃和江西省由社保经办机构统一征收基本养老、医疗和失业保险，上海市和北京市社保经办机构征收"四险"。比较特殊的地区包括，西藏自治区基本养老和医保费由社保经办机构征收，失业保险费则由劳动部所属的就业服务机构作为经办机构负责征收；吉林省针对一汽、吉化、吉林油田、通钢等特殊企业要求其养老保险由省社会保险公司征收。此外，由社保经办机构征收的地区其他经办业务也都由经办机构负责，即社保经办机构全权负责，征缴过程中由企业向经办机构申报缴纳，社保经办机构有权进行审核和稽查。

表 3-1　社保经办机构征收保费的地区概况

地区	依据	颁布时间	征缴主体	经办主体	征收险种
四川省	省人民政府关于贯彻实施《社会保险费征缴暂行条例》的通知	1999.03	社保经办机构	社保经办机构	基本养老、医疗、失业、工伤、生育保险
广西壮族自治区	《广西壮族自治区社会保险费申报缴纳管理实施办法》	1999.04			
贵州省	省人民政府关于贯彻实施国务院《社会保险费征缴暂行条例》有关问题的通知	1999.07			
山东省	《山东省社会保险稽查办法》	2003.05			
天津市	《天津市社会保险费征缴若干规定》	2004.06			

续表

地区	依据	颁布时间	征缴主体	经办主体	征收险种
山西省	省人民政府关于贯彻实施《社会保险费征缴暂行条例》和《失业保险条例》有关问题的通知	1999.03	社保经办机构	社保经办机构	基本养老保险、医疗保险、失业保险
新疆维吾尔自治区	新疆维吾尔自治区关于贯彻《社会保险费征缴暂行条例》的通知	1999.03			
江西省	国务院《社会保险费征缴暂行条例》	1999.01			
甘肃省	省人民政府关于贯彻国务院《社会保险费征缴暂行条例》有关问题的通知	1999.06			
吉林省	省劳动厅、省社会保险公司《关于贯彻两个条例扩大社会保险覆盖范围加强基金征缴工作的通知》	1999.04	社保经办机构、省社保公司	社保经办机构、省社保公司	
河南省	省人民政府办公厅关于贯彻落实《社会保险费征缴暂行条例》有关问题的通知	1999.06	经办养老保险业务的社保经办机构	经办养老保险业务的社保经办机构	
上海市	《上海市城镇职工社会保险费征缴若干规定》/《上海市社会保险费征缴实施办法》	2000.11/2002.03	社保经办机构	社保经办机构	基本养老、医疗、失业、生育保险费
北京市	《北京市社会保险费征缴若干规定》	2003.07	社保经办机构	社保经办机构	基本养老、医疗、失业、工伤保险费

地区	依据	颁布时间	征缴主体	经办主体	征收险种
西藏自治区	《西藏自治区统一基本养老保险制度和养老保险自治区级统筹方案实施细则》/《西藏自治区人民政府关于建立城镇职工基本医疗保险制度的决定》/《西藏自治区失业保险条例实施办法》	2000.08/ 2000.10/ 2002.10	社保经办机构/失业保险经办机构	社保经办机构/失业保险经办机构	基本养老、职工医疗、失业保险

注："经办"是指社会保险登记及其受理、审批及变更、注销、核查、缴费申报等工作。

表格资料由作者查询和整理而成。

与此同时，到 2002 年，河北、辽宁、黑龙江、内蒙古、江苏、浙江、安徽、福建、湖北、广东、湖南、海南、云南、重庆、甘肃、陕西、青海省（自治区、直辖市）及宁波、厦门市等 17 个省、自治区、直辖市和 2 个计划单列市开始由地方税务局代收职工社会保险费（如表 3-2）。但是，在具体实践中，不同省份地方税务机构的权责存在差异，征收的险种也有所差异，社保部门和税务机构的分工不同。重庆市、青海省和河北省地方税务机构只征收基本养老和失业保险费，社保经办机构核定保费后由地方税务机构代征；陕西、黑龙江和内蒙古自治区地税机构征收基本养老、医疗和失业保险费，同样是代征方式；海南省地税机构负责征收养老、医疗、失业和工伤保险费，且地税机关负责缴费登记、接受保费申报和确定缴费基数，并向社保经办机构提供缴费情况信息；广东、辽宁、安徽、湖北、云南、江苏和浙江省由税务机构征收"五险"，其中，辽宁省由地方税务机关进行缴费核定、检查并向经办机构提供缴费情况信息，浙江省由缴费单位向地方税务机关申报缴费，个体劳动者则由经办机构核定应缴费额并向地方税务机关申报缴费，其他省份由社保经办机构核定缴费信息交由税务机构征收。比较特殊的是福建省和湖南省。福建省 2001 年开始实施《社会保险费征缴办法》，要求职工基本养老和失业保险费按照"属地原则"由税务机构征收，在管理上，税务机构还受劳动部门委托办理社保的登记、申报、变更和注销，单位需要向税务机构申报缴费并接受税务机构的检查和强制征收，缴款完成后税务机构出具税收通用缴款书或完税证，从征缴和经办流程看，福建省税务机构对养老和失业保险实现了"全责"征管；湖南省 2001 和 2002 年发布的征缴办法和意见中，要求对基本养老、医疗和失业保险进行统一征收，并规定外商投资企业、城镇私营企业的社保费由税务机构征收，其他主体的保费征收则由省人民政府确定，经办机构与征收机构相一致。因而，总体来看，税务机构征收社保费也存在全责征收、代征和部分征收的状态。

表3-2 税务机构征收社保费的地区概况

地区	政策依据	颁布时间	经办主体	征缴主体	险种	备注
重庆市	重庆市《关于贯彻社会保险费征缴暂行条例扩大社会保险覆盖范围提高社会保险费征缴率的通知》	1999.05	社保经办机构	地方税务机关	基本养老和失业保险	社保机构核定数额递交地税机关
青海省	《青海省社会保险费征收暂行办法》	2000.12				基本医疗、工伤、生育保险费仍由社保经办机构征收；社保经办机构核定参保单位缴费信息并交由税务部门征收
河北省	《河北省社会保险费征缴暂行办法》/《河北省社会保险费征缴暂行办法实施细则》	2001.12/2002.02				经办机构负责登记、缴费申报、基数核定和稽核工作；地方税务机关负责缴费登记、征收、催缴、检查工作。
陕西省	《陕西省税务征缴社会保险费暂行办法》/《陕西省税务征缴社会保险费实施细则》	2000.03/2000.04	社保经办机构	地方税务机关	基本养老、医疗、失业保险	经办机构核定缴费基础数据后提供同级税务机关，税务机构征收入库
黑龙江省	《黑龙江省社会保险费征缴办法》	2000.09				经办机构接受缴费申报并将缴费名单、金额等信息报送税务机关
内蒙古自治区	内蒙古自治区《关于全区社会保险费由税务部门征缴的通知》/《内蒙古自治区社会保险费税务征缴暂行办法》	2000.11				经办机构核定缴费基数和应缴数额后提供给地方税务机构征收

地区	政策依据	颁布时间	经办主体	征缴主体	险种	备注
海南省	《海南省社会保险费征缴若干规定》	2000.10	社保经办机构	地税机关	养老、医疗、失业、工伤保险	地税机关负责缴费登记、接受保费申报和确定缴费基数、向社保经办机构提供缴费情况信息
广东省	《关于我省各级社会保险费统一由地方税务机关征收的通知》/《广东省社会保险费征缴办法》/《广东省社会保险费征缴办法实施意见》	1999.11/ 2001.01/ 2001.04	社保经办机构	地方税务机关	基本养老、医疗、失业、工伤、生育保险费	经办机构核定应缴保费并提供给税务机关，地方税务机关也有权对缴费申报情况进行核定
辽宁省	《辽宁省社会保险费征缴规定》/《辽宁省社会保险费征缴规定实施细则》	2000.06/ 2000.07				缴费单位向经办机构和地方税务机关申报缴费数额，地方税务机关进行核定、缴费检查并向经办机构提供缴费情况信息
安徽省	《安徽省社会保险费征缴暂行规定》	2000.10				经办机构受理核定应缴费数额并通知税务机关，税务机关征收后存入国库并向社保机构反馈缴费情况
湖北省	《湖北省社会保险费征缴管理办法》	2002.05				地方税务机关以社保经办机构核定的数额作为征收依据
江苏省	《关于社会保险费改由地方税务部门征收的通知》/《江苏省社会保险费征缴条例》	2000.06/ 2003.12				经办机构审核缴费申报信息并提供给税务机构进行征收

续表

地区	政策依据	颁布时间	经办主体	征缴主体	险种	备注
云南省	《云南省社会保险费统一征收试行办法》/《关于在全省范围内开展社会保险费由地方税务机关统一征收工作的通知》/《云南省社会保险费征收管理暂行办法》	2003.03/ 2004.04/ 2004.06	社保经办机构	地方税务机关	基本养老、医疗、失业、工伤、生育保险费	经办机构负责登记、申报、基数核定和稽核工作,地税部门负责征收、对账和信息反馈
浙江省	《浙江省社会保险费征缴办法》	2005.3				缴费单位向地方税务机关申报缴费,个体劳动者由经办机构核定应缴费额并向地方税务机关申报缴费
福建省	《福建省社会保险费征缴办法》	2000.12	地方税务机构	地方税务机构	养老和失业保险费	税务机构负责社保登记、申报、缴费、检查等
湖南省	《湖南省实施〈社会保险费征缴暂行条例〉办法》/《湖南省关于切实加强社会保险基金监管的意见》	2001.03/ 2002.05	与征收机构相一致	由省人民政府确定	养老、失业、医疗保险费	外商投资企业、城镇私营企业的社保费由税务机构征收
甘肃省	甘肃省关于贯彻国务院《社会保险费征缴暂行条例》有关问题的通知/《甘肃省社会保险费征缴违章处罚暂行办法》/《甘肃省社会保险费征收管理暂行规定》	1999.06/ 2000.11/ 2006.06	社保经办机构	社保经办机构→地方税务机构	养老、医疗、失业保险	经办机构核定,税务机构征收

注:本表由作者查阅文件和整理而来。

在各地探索不同征收模式的同时,国家税务总局和劳动社会保障部相继出台政策加强社保费征收工作。2002年国家税务总局发布《关于税务机关征收社会保险费工作的指导意见》，要求由地方税务部门征收社保费的省市应该依法加强征收的领导、宣传、信息化建设和部门间协调等工作；2003年，为了确保社保费应收尽收，劳动和社会保障部出台了《社会保险稽核办法》，规定县级以上社会保险经办机构有权依法要求参保单位和个人提供稽核所需的相关资料和凭证，对社保缴费人数、基数、是否足额缴纳等情况进行的核查；2005年9月，国家税务总局发布了《关于加强税务机关代收费项目管理的通知》，进一步规范税务机关的征收工作和操作行为；同年，国家税务总局又针对17个省（自治区、直辖市）和2个计划单列市的地方税务局出台了《关于切实加强税务机关社会保险费征收管理工作的通知》，进一步要求社保征收要夯实基础、精细化管理、强化税务部门主体地位，提高征管的效率和质量。在一系列政策要求下，部分地区也开始对征收机构进行调整。甘肃省对社保征缴主体进行了快速转换，1999年甘肃省人民政府关于贯彻国务院《社会保险费征缴暂行条例》有关问题的通知中要求，养老、医疗和失业保险费由社保经办机构征收，2000年和2006年分别发布的《甘肃省社会保险费征缴违章处罚暂行办法》和《甘肃省社会保险费征收管理暂行规定》则对税务机构征收养老和失业保险费做出了具体要求；2007年10月和11月，宁夏回族自治区分别发布了《自治区人民政府关于加强社会保险费征管工作的意见（试行）》和《宁夏回族自治区社会保险费征收业务移交接收方案》，将基本养老保险（包括职工和居民）、基本医疗保险（包括职工和居民）、失业、工伤和生育保险费转交给税务机构征收，除了征收外，税务部门还具有检查、催报、催缴、清欠、处罚等职能，而社保经办机构主要负责登记、缴费基数和比例核定及社保年检与稽核；广东省在税务部门征收的基础上，于2008年9月和11月分别发布了《关于强化社会保险费地税全责征收促进省级统筹的通知》和《广东省社会保险费地税全责征收实施办法（暂行）》，要求由税务机构全责征收"五险"，具体做法是，由地方税务机构负责办理社保缴费登记、受理参保单位和个人的缴费信息变更、核定缴费基数信息、征收保费和稽核，并提供相应的信息给社保经办机构进行登记和记账；2011年，重庆市发布了《关于实行社会保险统一征缴管理工作的通知》，明确社会保险公共业务办公室是负责参保登记、信息变更、缴费基数核定等业务的经办机构，地方税务局社会保险费征收管理处负责具体的征收工作。

从税务机关征收的效果看，每年社保费征收都超额完成任务，并保持较高的增幅，1998—2004 年间，全国税务机关征收保费的地区年均保费增幅可达 30% 以上[①]；2006 年劳动和社会保障部社保事业管理中心下发了《关于规范社会保险缴费基数有关问题的通知》，明确了缴费基数核定的依据、工资计算口径和缴费基数计算的项目，并统一缴费基数，为了社保费基数核定和稽核工作的顺利开展奠定了基础。经过长期的分析、讨论和论证，《中华人民共和国社会保险法》于 2010 年在全国人大常委会通过，以法律形式明确扩大了社会保险的参保范围，并规定社会保险费由用人单位和职工共同缴纳，个体户、灵活就业人员及非全日制从业人员由个人缴纳相关费用，国家应该给予适当的补贴。在管理方面要求社会保险经办机构提供社会保险服务，负责社会保险登记、个人权益记录、社会保险待遇支付等工作。《社会保险法》要求社保费实行统一征收，但并没有明确征收主体，实施步骤和具体办法由国务院规定。在一段时间内，我国社会保险费的征收仍然保持社保经办机构和地方税务机关双重征缴主体并存的状态，同一时期，城乡居民的养老和医疗保险制度也陆续进行试点，并进入不断改革完善阶段，社保覆盖面不断扩大，享受待遇的人数不断增加，社保对民生保障的作用日益凸显。

四、税务部门统一征收阶段（2015 至今）

除了社保制度发展对征收提出了更高的要求外，财税体系的建设完善也为社保征收主体统一化提供了条件。1994 年的"分税制"理顺了财政秩序，激发了各级政府的活力，但职责不清、办税不便、组织管理不统一等问题也日益显现，为了进一步提升征管效率、降低征管成本，2015 年，中共中央办公厅、国务院办公厅印发了《深化国税、地税征管体制改革方案》，要求理顺征管职责划分，其中，"将依法保留、适宜由税务部门征收的行政事业性收费、政府性基金等非税收入项目，改由地税部门统一征

---

① 安体富. 我国社会保险"费改税"：紧迫性、必要性和可行性 [J]. 山东经济，2007（06）：5-8.

收"；2018 年，中共中央印发了《深化党和国家机构改革方案》与《国税地税征管体制改革方案》，进一步明确从 2019 年 1 月 1 日起，将基本养老保险费、基本医疗保险费、失业保险费、工伤保险费、生育保险费等各项社会保险费交由税务部门统一征收。现阶段，各地纷纷探索社保费征管工作逐渐移交至税务部门的方式及具体措施，同时，减税降费的制度环境对社保征管工作赋予了新的使命、提出了新的要求。2019 年 4 月，人力资源和社会保障部、财政部、税务总局及国家医保局发布了关于贯彻落实《降低社会保险费率综合方案》的通知，要求各级人社、财政、税务、医保等部门在地方政府的领导下，完善降低社会保险费率及征收体制改革工作协调机制，切实加强部门协作配合，协商解决社会保险费征管工作中的重点、难点问题，畅通工作协调机制，统筹做好降低社会保险费率以及征收体制改革过渡期间的工作衔接，提出具体工作安排，确保各项工作顺利进行。

综上所述，社会保险费征管方式的转变是社会保险制度发展和财税体系改革共同作用的结果。社会保险制度从国有企业扩展到特定企业直至覆盖所有企业及其职工，并进一步扩展到所有居民，经历了循序渐进、不断成熟的发展过程，社会成员对社会保险制度的认识也在逐渐转变和加深。社会保险费征管主体从工会或企业转变为社会保险经办机构再到税务部门，征管流程更加系统规范，征管责任更加清晰明确，也使社保费源和费基不断扩大化。在社保制度建立早期，相对宽松的征管环境降低了参保门槛，提升了社保覆盖面与缴费遵从度，随着社会参与程度加深，加强征收管理的规范化要求也随之提高。通过规范征管模式和提升强制性与征管效率，从而优化制度结构，降低社会保险制度风险，提升其再分配职能，促进社会的公平与稳定。因此，税务部门征管社会保险费是国家机构改革和征管体制改革的要求，也是社保制度深入发展的必然趋势。

第二节　我国社会保险税费征管的主要模式构成

我国社会保险经办管理大体可以划分为五个流程，即参保登记、保费征缴、账户管理、待遇给付和稽查。参保登记是社会保险关系建立的标志，也是缴费和待遇发放的依据。参加社会保险的单位应当自成立之日起 30 日内，持相关证件到当地社保经办机构申请登记，包括单位名称、住所、经营地点、单位类型、法定代表人或者负责人、开户银行账号等信息；缴费单位的登记事项发生变更或者缴费单位依法终止的，也应在规定的时间内到经办机构办理变更或者注销登记手续。登记完成后进入保费征缴阶段，首先参保单位在每年年初或上年年末规定的日期到社会保险经办机构进行新一年缴费工资基数的核定，缴费基数需要根据单位的工资情况和当地的经济水平确定；然后根据职工数量向征收机构办理缴费申报，填写相关申报表格，当职工数量发生变化时，应当向社保或税务机构申报变更缴费数额；缴费单位在申报核准后到开户银行或通过约定方式缴纳社保费。单位和职工缴纳的保费需要进行个人账户和统筹账户分别管理，对个人账户需进行记账与对账管理，发生工作单位变更或退休时个人账户信息也发生转移。在参保缴费基础上，发生符合社保政策规定的需求时，社保机构按约定支付相应的待遇。最后，社保或税务机构有权对参保单位的相关信息进行稽核或缴费检查。

自1999年《社会保险费征缴暂行条例》发布以来，全国社会保险费征收形成了税务和社保经办机构两大主体，但由于各地发展状况不同，经过上述前三个阶段的发展，到2018年底，全国实际保持着四种不同社保费征管模式，即社会保险经办机构全责征收、社保经办机构核定与地税代征模式、地税部门全责征收和社保与地税机构混征模式，四种模式下经办、征收、争议处理等主体和责任有所差异，具体流程如表3-3所示。

表3-3　不同征管模式下的管理流程比较

流程\模式	社保经办机构	社保经办机构核定、地税代征	地税全责征收	混征模式
参保登记	社保经办机构	社保经办机构	地税部门	部分保险由社保机构征收，部分保险由税务部门征收，形成多种不同的混合模式。
险种核定				
申报				
征收		地税部门		
缴费检查				
欠费追缴				

流程模式	社保经办机构	社保经办机构核定、地税代征	地税全责征收	混征模式
社保争议处理	社保经办机构	社保经办机构	未参保登记由社保部门处理；缴费不足由地税部门受理	部分保险由社保机构征收，部分保险由税务部门征收，形成多种不同的混合模式。
行政处罚		未登记，劳动保障行政部门处罚；缴费不足由地税部门处罚	有关行政部门	

一、社保经办机构全责征收模式

社保经办机构全责征收模式是指包括参保登记、建档核定、申报缴费、费款征收、划拨财政专户记账、社保待遇核对与发放、监督检查等在内的所有环节全部由社保经办机构独立负责。我国社会保险管理体制分为行政管理和业务管理两大系统，作为业务管理的社保经办机构是政府直接管理、覆盖全国的分层设置、分级管理的行政性、事业性职能机构，其职能主要包括提供基本的社保服务（如登记、记录、档案管理、服务咨询等）、管理社保相关事务（如基数核定、与定点服务机构的协议管理、争议处理等）、社保基金管理（如基金预决算编制、保费征收、基金的支付与结算、欠费追缴与行政处罚等）。目前我国社保经办机构具有覆盖省、自治区、直辖市及地市、区县等各级行政区划的、自上而下的体系和服务网点，面向个人、企业和第三方代理机构，各主体的社保事务都可以在经办机构办理。如表3-1所示，2019年前，上海、山东、四川、河南、贵州、广西、吉林、山西、天津、北京、江西、新疆、西藏和深圳、青岛等10多个省、自治区和直辖市、计划单列市都采用社保机构全责征收的模式。①

以广西为例，1999年国务院发布《社会保险费征缴暂行条例》和劳动和社会保障部发布《社会保险费申报缴纳管理暂行办法》后，广西也迅速印发了《广西壮族自治区社会保险费申报缴纳管理实施办法》的通知，要

① 马一舟，王周飞. 税务机关征收社会保险费回顾与前瞻 [J]. 税务研究，2017（12）：5-9.

求基本养老、医疗、工伤、失业和生育保险"五险"的保费由社会保险经办机构负责。缴费单位需要按月向社保经办机构办理缴费申报手续和相关资料，社保经办机构审核确认后，缴费单位可通过委托银行或直接向经办机构以支票或现金等多种形式缴纳保费。2013 年人社部发布《社会保险费申报缴纳管理规定》后，广西进一步将职工"五险"和居民养老保险纳入社保经办机构统一征收，并在自治区级、市级、县、乡镇各级成立了社保征收机构。2017 年，应国家关于国税、地税征管体制改革要求，广西开始在梧州、北海两市开展税务局征收社保费的试点工作，试点的对象主要是用人单位及其职工应缴纳的社会保险费。通过税务机构征收，规范了社保征收程序，提升了收入规模，但由于试点范围有限，扩面征缴的效果尚不够明显，还有数据平台、信息系统、人员队伍等方面的问题需要进一步解决①。如表 3-4 所示，相对于广西全区人口（2018 年全区共 5659 万人）而言，2019 年除了基本医疗保险外，其他各险种的参保比例相对较低，探索更加有效的征缴方式以提高覆盖范围和征缴比率十分必要。

表 3-4　2019 年广西各险种参保与征缴情况

险种		参保人数（万人）	基金收入（亿元）	基金支出（亿元）	基金累计结存（亿元）	管理机构
养老保险	城镇职工	869.52	1128.6	1079.66	755.19	人社部门
	城乡居民	1983.6	123.76	92.48	190.38	
失业保险		362.96	24.29	20.65	120.40	
工伤保险		442.23	10.13	8.46	51.09	
医疗保险	城镇职工	620.51	260.17	207.06	386.76（统筹基金 182.48，个人账户 204.28）	医保局
	城乡居民	4586.6	361.75（人均 739 元）	340.17	385.5	
生育保险		405.93	16.3	14.53	14.45	

注：数据来源于广西壮族自治区人力资源和社会保障厅、医疗保障局网站。

---

①　韦苏珊. 广西社会保险费征缴现状及税务部门承接征收对策建议［J］. 经济研究参考，2018（47）：48-51.

2019 年前上海的社保费由社保经办机构全责征收，之后经历了向税务机构代征的转变过程。继国务院颁布《社会保险费征缴暂行条例》后，上海市分别于 2000 和 2002 年颁布了《上海市城镇职工社会保险费征缴若干规定》和《上海市社会保险费征缴实施办法》，要求养老、医疗、失业和生育等保险费实行集中、统一征收，市社保经办机构负责社保费的征缴及与之相关的调查和稽核工作，市人社局负责管理和监督工作，劳动和社保行政部门的监察机构负责对社保费的缴纳情况进行监督检查；缴费单位、个人在社保经办机构登记后要向其申报应当缴纳的社会保险费数额，经办机构予以核定，经办机构还可对缴费单位的职工人数、缴费基数和财务状况进行稽核并催缴，个人应缴纳的保费由单位从工资中代扣。

社会保险经办机构征缴可以实现统一征集、调剂、集中管理和使用的目的，在社保制度建立初期，构建社保经办机构并统一征收，为提高参保遵从度和保费征收率起到了不可替代的作用，核定征缴的灵活度也为社保制度的初期建设降低了"门槛"。但随着扩面目标基本实现，社保规范化运行的要求也逐渐提高，社保经办机构因缺乏"独立性"和"强制性"，在费用征缴过程中存在较大的"弹性"，导致了诸如征缴效率低、制度不公平、少缴漏缴、欠缴款项难追缴等普遍的问题。一方面，社保征缴存在区域、险种、行业和企业间缴费水平不均衡的问题。第一，区域间采取的征收政策不统一。按照规定，社会保险应以各统筹地区上年度社会平均工资的 60%—300% 确定缴费基数，用人单位在参保地缴费基数的上下限之间据实申报本单位的缴费基数，但在具体执行中，这种企业申报、社保机构核定的方式放松了制度约束性，部分地区为了营造良好的投资环境，制定了不同的社保优惠政策，导致"同城、同区、不同负担"的现象；第二，不同行业、企业间存在差异，即效益较好的国有企业、上市企业、高新技术型企业、电力业、金融保险业等行业和企业，其参保率和缴费率较高，而那些规模较小、效益相对较差的企业其参保率和缴费率较低[1]；第三，不同险种覆盖程度存在差异，养老保险和医疗保险的覆盖范围相对更广，其他险

---

① 王显和，宋智江，马宇翔. 我国社会保险费征管模式效率分析与改革路径选择 [J]. 税务研究，2014（05）：74-77.

种的参保率较低，且灵活就业人员各项保险的参保比率都不高。另一方面，社会保险少缴、欠缴、断缴问题普遍。由于社会保险征缴过程中缺乏强制性，部分企业或个人参保期间存在扣款账户余额不足而导致社保扣费不成功的问题，或者企业未参加社会保险导致职工无法参保缴费的漏缴情况，还有部分职工因失业、就业流动等原因导致一段时间内社保停缴状态，这些现象都影响了社保征缴的效率。

二、社保经办机构核定、地税代征模式

社保经办机构核定、地税代征模式即社保经办机构负责参保登记和险种核定及社保费申报工作，将应征数据传输到税务机关后，再由税务机关进行社会保险费征收入库，最后再将数据回传给社保经办机构并由社保经办机构完成记账操作，同时，税务机关还要负责缴费检查和欠费追缴工作。2019 年前，实行税务机关代征的地区如内蒙古、黑龙江、甘肃、宁夏、湖北、江苏、安徽、重庆、云南、大连等地区。

以湖北省为例，到 2000 年湖北省仍然是由社保机构全责征收，省政府审议通过的《湖北省社会保险费征缴暂行办法》，要求社保费由县以上各级劳动保障行政部门设立的社保经办机构负责征收，实行五项保险费集中、统一征收，登记、申报和征缴也都由经办机构负责；2002 年，湖北省政府又发布了《社会保险费征缴管理办法》，废除了前一项政策，提出各级地方税务机关是社会保险费征收主体，但缴费单位要到所在地社保经办机构办理登记参保和信息变更，然后持社保登记证到地方税务机关建立缴费关系，缴费基数及应缴数额由社保经办机构进行核定，再提供给地方税务机关，地方税务机关应将社保经办机构的核定数额作为征收依据，并有权对缴费单位、个人缴纳社保费情况进行检查。由此，湖北省形成了社保核定、税务代征的格局，并在之后又发布一系列文件规范征缴制度，如 2003 年的《湖北省地税系统社会保险费及行政规费征收管理考核内容及标准》，2007年发布《湖北省社会保险费费源管理暂行办法》并明确将社会保险费纳入税务检查工作，2008 年发布《关于进一步做好社会保险扩面征缴工作要求的通知》和 2013 年《关于加强合作实现涉税信息共享的通知》等。

重庆市社会保险费征管制度经历了"两个十年、三个阶段"循序渐进

的改革。早在 1999 年，重庆市为贯彻实施《社会保险费征缴暂行条例》，将基本养老保险和失业保险交由地税机关合并统一征收，但申报、登记等其他业务仍然由社保经办机构负责，缴费额度也由社保经办机构核定后交由税务部门，医疗、工伤和生育保险则另行征收；到 2011 年，重庆市进一步将城镇职工"五险"进行统一登记、征缴和稽核，其中经办业务由独立的区县"社保公共业务管理办公室"负责完成，公共业务办公室将征缴计划提交给地税部门；2019 年，根据国家相关部署，重庆市将城乡居民基本养老和合作医疗保险交由税务部门征收，形成了全险种交由税务部门征缴的局面。

这种模式下税务机关作为代征机构，属于社保经办机构的辅助单位，仅根据社保经办机构传递的征收数据征收保费，缴费基数核定和征收计划都由社保经办机构根据自行掌握的情况预编，再报财政部门审核后由地税部门执行。在征缴过程中，参保人需要先到社会保险经办机构办理参保登记、信息确认、险种核定、保费申报，然后再到地税部门缴费，社保部门收到地税回传的信息后，再按规定记账，参保人才能按规定享受相关待遇。这种模式既增加了参保对象的办事流程，又增加了管理部门对账等业务环节，容易造成社会保险费应收金额和实际收取金额不一致，存在部门间认识难统一、工作不够协调、征管复杂化、职责不清等突出问题，既增加了不同部门间的交易成本，又降低了办事效率。

三、地税全责征收模式

地税全责征收模式是指社保经办的主要业务都由税务机关单独负责，包括社保参保登记、险种核定、社保费申报征收、缴费检查、欠费追缴、划拨财政专户等环节。由于税务机关设立时间长，机构设置相对成熟，法律约束性强，税务部门在征缴社保费时具有刚性强和力度大的特点，同时在各类税收与社保费"同征、同管、同查、同服务、同考核"管理下，能更高质量完成社保费征缴工作[①]。2019 年前，税务机关实行全责征收的地区

---

① 欧瑾瑜. 我国社会保险费征缴模式比较及优化研究——以赣、鄂、粤三省为例[D]. 华南理工大学，2018.

主要有辽宁、浙江、福建、广东等。

以广东为例，早在 21 世纪初，广东省就充分发挥了税收征管的优势，代征了部分行政事业性收费和政府性基金，这一时期广东省社保征缴也处于"社保机构核定、税务部门代征"的阶段。1999—2000 年，广东省相继发布了《关于我省各级社会保险费统一由地方税务机关征收的通知》《关于征收社会保险费用具体操作办法的通知》和《关于进一步规范社会保险费征收管理工作有关问题的通知》，提出从 2000 年 1 月 1 日起，广东省社保费统一由各级地方税务机关征收，遵循社保费与各税种"同征、同管、同查"的原则，并规定地方税务机关的主要职责包括按照社保经办机构提供的资料、数据征收社保费，对逾期未交保费的单位进行追收，将征收的社保费分险种缴入同级财政部门开设的"社会保障基金财政专户"等，而社保经办机构主要负责申报登记、变更和注销登记、保费的缴纳申报审核，并将社保费征收数额提供给地方税务机关。2001 年广东省发布《社会保险费征缴办法》和《社会保险费征缴办法实施意见》，规范地方税务机关征收社保费的相关规定。2008 年，广东省劳动和社会保障厅和地方税务局分别发布了《关于强化社会保险费地税全责征收促进省级统筹的通知》和《广东省社会保险费地税全责征收实施办法（暂行）》，要求从 2009 年 1 月 1 日起，由地方税务机关全面负责社保费征缴环节中的缴费登记、申报、审核（核定）、征收、追欠、查处、划解财政专户等相关工作，并将征收数据准确、及时传递给社保经办机构记账，这意味着广东省真正实现了社保费由税务机关全责征收。

浙江省社保费的地税全责征收是分险种逐步实现的。1999 年，浙江省为贯彻劳动和社会保障部《社会保险费申报缴纳管理暂行办法》，已经将职工"五险"纳入申报缴纳管理范畴，并由经办机构负责登记等相关业务，但不同险种的征收机构并未统一，即医疗、生育和工伤保险费由社保经办机构征收，失业保险费则由失业保险经办机构征收，而养老保险由地税机构代征，但"五险"的保费核定都由社保经办机构负责。2005 年浙江省政府通过的《浙江省社会保险费征缴办法》进一步要求缴费单位向地税机关申报"五险"的应缴费用，地税机构负责征收社保费并进行稽查，这意味着浙江省税务部门对职工社会保险费实行全责征收。到 2019 年，浙江省进一步将城乡居民养老和医疗保险交由税务部门征收。

在全责征收过程中，地方税务机关负责办理缴费登记，受理参保单位和个人的缴费基数调整、职工数量增减变动和基本信息变更，进行社保缴费基数、人数、费率和险种等核定与征收，并将缴费登记、申报、审核（核定）、征收、入库各环节的相关信息传递给社保经办机构。如果出现参保单位欠缴保费或未按规定参保、申报、缴纳保费的情况，则由地方税务机关负责稽核和追收，参保单位因缴费登记、申报、审核（核定）、征收、追缴、查处等行为发生行政争议的，由地方税务机关负责处理。税务部门全责征收也有其不足之处。在税务机关全责征收的同时，社保其他业务仍然需要社保经办机构负责，在面对参保人的相关问题时，税务部门对许多社保政策不具有解释权，容易造成缴费人误解和不信任。同时，地税与社保部门信息传输不及时或出现数据错误，会直接影响参保人享受相关待遇。而《社会保险法》规定行政处罚主体为"有关行政部门"，导致地税部门在追缴欠费过程中存在法律层面主体不明而缺乏处罚权的问题。

四、不同险种由不同主体征收的混征模式

在早期的政策中（1999年《社会保险费征缴条例》），对养老、医疗和失业保险费征收主体有比较明确的规定，而工伤和生育保险并没有统一的规定，因而，部分地区出现养老、医疗和失业保险由税务机关征收，生育和工伤保险仍由社保部门征收的"混征"局面，如2000年改革初，陕西、黑龙江等地的养老、医疗和失业保险由税务机构代征，其他险种由社保部门征收。此外，混征还有不同形式，以福建省为例，按照2001年福建省劳动和社会保障厅和福建省地方税务局颁布的《关于做好社会保险费由地方税务机关征收后社会保险有关工作的通知》（闽劳社〔2001〕4号），福建在险种、缴费单位属性和地域的差异。跨市的、以总公司名义统一参保缴费的对象移交同级税务部门征收，市辖区内跨县（区）的参保企业社保费的征收机关由地方税务机关和社保经办机构协商确定；在各级机关事业社保经办机构办理基本养老保险的参保单位，其基本养老保险费仍由社保经办机构征收；新参保单位在地方税务机关进行参保登记，社保经办机构审核登记材料，地方税务机关进行征收。混征模式是社保制度阶段性探

索发展的产物，但从制度的统一性管理和工作效率看，混征模式割裂了不同保险制度的管理过程，增加了多部门间协调的成本，不利于从整体上把握各险种的工作进程和制度监管。

第三节 我国社会保险费征管主体改革的现状

继 2018 年中共中央、国务院提出将社保费交由税务部门统一征收后，各地也纷纷研究转交方案，税务征收社保费开始落地实施，形成统一征收的格局。具体而言，全国各地区主要呈现两种状态：一种是原来由社会保险经办部门全责征缴保费的地区开始转交税务部门征收，另一种则是原来部分险种已由税务部门征收的地区开始将其他险种也转交税务部门征收。目前，各地正在不断探索减少税务部门征管障碍，理顺征缴程序，进一步明确征缴权责，提高征收效率。

一、社保部门转交税务部门的地区及进展

根据国家相关要求，原来由社会保险经办机构征收社保费的地区开始转向税务部门征收，但各地在不同险种上的转交进展有所差异，征管方式上也有所不同。如表 3-5 所示，河南省于 2017 年将城镇职工社会保险和城乡居民基本养老与医疗保险转交税务部门征收，但前者采取经办机构核定、税务代征模式，即税务部门充当"收银员"的角色，后者则由税务全责征收；福建省暂时只将机关事业单位基本养老、工伤和城乡居民基本养老保险转交税务部门征收，其他险种维持现有的征收状态；广西、新疆、吉林、西藏、江西、山东、贵州、山西、四川、北京和天津等地区分别于 2019 年1 月和 2020 年 11 月将机关事业单位社保费、城乡居民养老与医疗保险费和职工社会保险费、灵活就业者缴纳的职工社保费和部分补充性保险费转交给税务部门征收，但在征收模式方面，部分地区由社保或医保经办机构核定、税务部门征收，部分地区则直接向税务部门申报缴纳；上海市的职工"五险"和灵活就业者基本养老和医疗保险转交税务代征，2019 年，上海市税务局部署和制定了《国家税务局上海市税务局社会保险费和非税收入征管职责划转工作方案》和《社会保险费征管职责划转交接工作方案》。在推

进税务机构征收社保费过程中，由于居民的养老和医疗保险仅涉及个人或家庭，其参与主体比职工社保更加简单、推进难点更小，因而，上海市首先探索了"居民两险"的征管模式转变。2014 年上海市将城镇居民养老保险和新农保合并为城乡居民养老保险，2015 年上海市又整合建立了城乡居民基本医疗保险，2019 年 1 月和 4 月上海市将原来由人社部门和医保部门征缴的"两险"相继平移至税务机关征收。上海市经济发展水平居于全国前列，其社区管理相对完善，在社保征收工作方面较好地利用街道办事处和社区事务中心进行协同经办征收。但在具体征管过程中，上海市并未形成税务全责征收的模式，而是"社区办理、社保审核、税务征收"，即参保人到就近的社区申请参保登记，人社和医保经办机构对参保人信息进行审查，并对缴费基数或额度进行核定，税务部门根据核定的金额通过委托银行扣款，然后将费款收入国库，并将缴费信息反馈给社保或医保部门。上海市"两险"每年参保缴费人数分别约为 27 万人和 300 万人（含高校和中小学划转人数约 210 万人、高龄或遗属等无须自己缴费的个人约 30 万人、其他自行参保缴费人数约 60 万人），2018 年征缴收入分别约为 2.42 亿元和 6.16 亿元①。

表 3-5 社保部门转交税务部门征收的进展

地区	实施时间	政策依据	险种	主要模式
河南省	2017 年 1 月 1 日	《关于改革社会保险费征缴体制加强社会保险费征缴管理的通知》	城镇职工"五险"统征	经办机构核定、税务部门征收
			城乡居民养老与医疗保险	直接向地方税务机关申报缴纳

---

① 资料来源于 2019 年国家税务总局税收科学研究所、湖北经济学院和湖北省税务学会主办的《社会保险税费征管体制改革研讨会》会议资料，数据主要由国家税务总局上海市税务局课题组提供。

续表

地区	实施时间	政策依据	险种	主要模式
福建省	2019 年 1 月 1 日	《关于社会保险费交由税务部门征收的公告》	机关事业单位基本养老保险费（含职业年金）和城乡居民基本养老保险费	养老、工伤保险费改为向税务机关申报缴纳；其他保持原有方式
广西壮族自治区	2019 年 1 月 1 日	《关于机关事业单位和城乡居民社会保险费交由税务部门征收的公告》	城乡居民基本养老和医疗保险费、部分机关事业单位社保费	人社、医保经办机构核定，税务部门征收
	2020 年 11 月 1 日	《关于企业社会保险费交由税务部门征收的通告》	职工"五险"及补充医保费，灵活就业者缴纳的职工基本养老和医疗保险费	
新疆维吾尔自治区	2019 年 1 月 1 日	《关于机关事业单位和城乡居民社会保险费交由税务部门征收的公告》	机关事业单位社保费和城乡居民基本养老保险和基本医保	人社、医保经办机构核定，税务部门征收
	2020 年 11 月 1 日	《关于企业和个体灵活就业人员社会保险费交由税务部门征收的公告》	企业和个体灵活就业人员缴纳的各项社会保险费	
吉林省	2019 年 1 月 1 日	《关于机关事业单位和城乡居民社会保险费交由税务部门征收的公告》	机关事业单位社保费和城乡居民基本养老和医疗保险费	向税务部门申报缴纳
	2020 年 11 月 1 日	《关于全省企业社会保险费交由税务部门征收的公告》	全省企业职工和灵活就业人员各项社会保险费	社保（医保）经办机构核定、税务征收

地区	实施时间	政策依据	险种	主要模式
西藏自治区	2019 年 1 月 1 日	《关于机关事业单位和城乡居民社会保险费交由税务部门征收的公告》	机关事业单位社保费和城乡居民基本养老、医疗保险	向税务部门申报缴纳社保费
	2020 年 11 月 1 日	《关于企业社会保险费交由税务部门征收的公告》	职工"五险"；灵活就业人员参加的职工基本养老、医疗保险费	
江西省	2019 年 1 月 1 日	《关于机关事业单位和城乡居民社会保险费交由税务部门征收的公告 》	机关事业单位社保费和城乡居民基本养老、医疗保险	向税务机关申报缴纳
	2020 年 11 月 1 日	《关于企业社会保险费交由税务部门征收的公告》	职工"五险"及补充社保费；灵活就业者缴纳的职工养老、医疗保险费	社保（医保）核定、税务征收
山东省	2019 年 1 月 1 日	《关于机关事业单位和城乡居民社会保险费交由税务机关征收的公告》	机关事业单位社保费和城乡居民基本养老、医疗保险	向税务机关申报缴纳（青岛市由社保经办机构核定、税务征收）
	2020 年 11 月 1 日	《关于企业社会保险费交由税务部门征收的公告》	职工"五险"；灵活就业者缴纳的职工养老、医疗保险费	社保（医保）核定、税务征收
贵州省	2019 年 1 月 1 日	《关于机关事业单位和城乡居民社会保险费交由税务部门征收的公告》	机关事业单位社会保险费、职业年金；城乡居民基本养老和医疗保险费	经办机构核定、税务部门征收
	2020 年 11 月 1 日	《关于企业社会保险费交由税务部门征收的公告》	职工"五险"和大额医疗救助费、灵活就业人员基本养老、医疗保险费（含大额医疗救助）	

续表

地区	实施时间	政策依据	险种	主要模式
山西省	2019年1月1日	山西省税务局《关于征收机关事业单位和城乡居民社会保险费的公告》	机关事业单位社保费和城乡居民基本养老和医疗保险费	向税务部门申报缴纳
	2020年11月1日	《关于企业社会保险费交由税务部门征收的公告》	职工"五险"及大病医疗保险；灵活就业人员基本养老、医疗保险及大病医保	社保、医保核定、税务征收
四川省	2019年1月1日	《关于机关事业单位基本养老保险费和城乡居民社会保险费交由税务机关征收的公告》	机关事业单位基本养老保险费，城乡居民基本养老、医疗保险费	向税务机关申报缴纳
	2020年11月1日	《关于企业社会保险费划转税务部门征收的公告》	职工"五险"及补充医疗保险费；灵活就业者缴纳的职工养老、医疗和补充医疗保险费	社保（医保）核定、税务征收
北京市	2019年1月1日	《关于征收机关事业单位和城乡居民社会保险费的通知》	机关事业单位社保费和城乡居民基本养老、医疗保险	社保经办、税务征收
	2020年11月1日	《关于企业社会保险费交由税务部门征收的公告》	职工"五险"；灵活就业人员缴纳的职工养老、医疗和失业保险费	社保经（代）办机构核定、税务部门征收
天津市	2019年1月1日	《关于城乡居民社会保险费交由税务机关征收的公告》	城乡居民基本养老、医疗保险费	缴费人持本人身份证到街镇服务机构办理申报缴费手续
	2020年11月21日	《关于企业社会保险费交由税务部门征收的公告》	职工"五险"；灵活就业者缴纳的职工基本养老、医疗保险和大额医疗救助费	社保机构核定、税务部门征收

地区	实施时间	政策依据	险种	主要模式
上海市	2020年11月1日	《关于企业社会保险费交由税务部门征收的公告》	职工"五险"；灵活就业人员基本养老、医疗保险费	社保机构核定、税务部门征收

注：本表由作者查阅文件和整理而来。

二、城乡居民社保费转交税务部门的地区及进展

20世纪末到21世纪初期，已有部分地区将职工社会保险费交由税务部门征收（如表3-2），而城乡居民养老保险和医疗保险制度建立时间相对较晚，建立之初的征收主体主要是社保经办机构。在2018年改革要求下，这些地区也开始将城乡居民社保费和其他险种保费转交税务部门征收。如表3-6所示，重庆市、广东、辽宁、云南、浙江和海南省从2019年开始将城乡居民基本养老和医疗保险转交税务部门征收，并由经办机构核定保费；黑龙江、青海和河北省则将各险种全面交由税务部门征收，多数地区采用经办机构核定保费、税务"代征"的做法；湖北、陕西、福建和甘肃省也将各险种全面转交税务部门征收，但在管理上由缴费单位或个人向税务部门申报缴纳，其中福建省城乡居民医疗保险仍维持原有的征缴方式；湖南省早期只是将外商投资企业、城镇私营企业的养老、医疗和失业保险费交由税务部门征收，2019和2020年又分别将其他险种的保费交由税务部门征收，并采取税务部门核定和征收的"全责"模式。此外，江苏省于2020年先后发布了《江苏省城乡居民基本养老保险经办规程》和《江苏省医疗保障经办服务规范（试行）》，对城乡居民基本养老和医疗保险费征缴工作做出规定。其中，居民基本养老保险费的收缴、档次选定与变更、退费受理等业务由税务部门负责，特殊群体（补缴人群、困难人群、被征地农民、退捕渔民）代缴保险费由社保机构负责；居民基本医疗保险费由医保经办机构负责。安徽省2007年发布了《关于城镇居民医疗保障费征收工作的紧急通知》，要求居民医保费由医保经办机构审核、税务机关负责征收；2016年安徽省《关于开展机关事业单位基本养老保险费和职业年金征缴工作的

通知》，规定税务部门按月征收机关事业单位基本养老保费和职业年金；2020 年城乡居民基本养老保险费交由税务部门征缴的具体工作也在进一步推进。内蒙古自治区也分险种或人群对保费征缴有不同的工作安排，根据2015 年通过的《内蒙古自治区城镇基本医疗保险条例》和 2019 年全区医疗保障工作要点，全区医疗保险费征缴职责划转到税务部门；2015 年，《内蒙古自治区城镇和农村牧区居民社会养老保险业务经办规程（试行）》明确旗县级社保机构负责当地城乡居民养老保险费收缴工作；2015 年，内蒙古全区机关事业单位工作者养老保险费由地税机关全额征缴。

表 3-6　城乡居民社保费转交税务部门征收的进展

地区	实施时间	政策依据	险种	主要模式
重庆市	2019 年 7 月 1 日	《关于城乡居民社会保险费交由税务部门征收的公告》	城乡居民基本养老保险、合作医疗保险	经办机构核定、税务部门征收
广东省	2019 年 1 月 1 日	《广东省城乡居民基本养老保险费和城乡居民基本医疗保险费征收暂行办法》	城乡居民基本养老与医疗保险	经办机构核定、税务部门征收
辽宁省	2019 年 1 月 1 日	《关于征收城乡居民社会保险费的公告》	城乡居民养老保险、医疗保险和新型农村合作医疗	银行、社区、村组、学校等单位代收渠道不变
云南省	2019 年 1 月 1 日	《关于城乡居民社会保险费交由税务部门征收的公告》	城乡居民基本养老和医疗保险	税务部门征收
浙江省	2019 年 1 月 1 日	《关于城乡居民社会保险费交由税务部门征收的公告》	城乡居民基本养老和医疗保险	税务部门征收

地区	实施时间	政策依据	险种	主要模式
海南省	2019 年 5 月 1 日	《关于机关事业单位基本养老保险费征收相关事宜的通告》/《关于印发海南省降低社会保险费率综合方案的通知》	机关事业单位基本养老保险、城乡居民社会保险	社保核定、税务征收
黑龙江省	2019 年 4 月 1 日	《关于社会保险费全面交由税务部门征收的公告》	黑龙江省范围内社会保险费全面交由税务部门征收	人社、医保部门核定，税务征收
青海省	2019 年 1 月 1 日	《关于社会保险费交由税务部门征收的公告》	职工"五险"、城乡居民基本养老和基本医疗保险费	社保经办机构核定后由税务部门征收
河北省	2019 年 1 月 1 日	《关于社会保险费交由税务部门征收的公告》	职工"五险"、城乡居民基本养老和医疗保险费、补充医保、大额医保、公务员医疗补助费、企事业单位离休干部医保费等	社保（医保）经办机构核定，税务部门征收
湖北省	2019 年 1 月 1 日	《关于机关事业单位和城乡居民养老保险费交由税务部门征收的公告》	机关事业单位工作人员和城乡居民基本养老保险费	向税务部门申报缴纳
陕西省	2019 年 1 月 1 日	《关于机关事业单位和城乡居民社会保险费交由税务部门征收的公告》	机关事业单位社保费和城乡居民基本养、基本医疗保险费	向税务部门申报缴纳社会保险费
福建省	2019 年 1 月 1 日	《关于社会保险费交由税务部门征收的公告》	机关事业单位基本养老保险费（含职业年金）和城乡居民基本养老保险费	向税务机关明细申报缴纳

续表

地区	实施时间	政策依据	险种	主要模式
甘肃省	2019 年底前	《甘肃省城乡居民基本养老保险和基本医疗保险征缴工作指导意见》	城乡居民基本养老和医疗保险	税务部门负责"两险"申报受理、费款征收、社保费核算、税库银对账等
湖南省	2019 年 1 月 1 日	《关于机关事业单位和城乡居民社会保险费交由税务部门征收的公告》	机关事业单位社保费（不含职业年金）、城乡居民基本、医疗保险	缴费人向税务部门申报缴纳、税务部门征收
	2020 年 11 月 1 日	《关于企业社会保险费和机关事业单位职业年金交由税务部门征收的公告》	职工"五险"和机关事业单位职业年金；灵活就业人员基本养老、医疗保险费	

注：本表由作者查阅文件和整理而来。

第四章　我国社保费税务征管的 SWOT 分析

社会保险费交由税务部门征管是财税体制顶层设计不断完善、权责关系不断清晰化的表现，也是社保制度建设长期探索下管理不断规范化的标志。税务部门征管社会保险费具有其优势，也适应了当前经济发展和社会治理的需要，但在转交过程中也存在着一定的困难和挑战。通过 SWOT 分析法对税务部门征管社保费进行综合评估，有助于客观分析税务部门征管拥有的内部资源和面临的外部环境，从而为征管主体顺利转变提供依据。

第一节　税务机构征管的优势与劣势

一、税务部门征管的优势（Strengths）

第一，税务部门掌握了更多关于征缴对象的信息，有助于提高缴费率。决定社保缴费率高低的主要因素是缴费人数、缴费基数和缴费额度是否准确，因而，准确地掌握缴费人信息至关重要。社会保险税费征缴的对象包括企业、雇员、自雇者、灵活就业人群和居民个人等，其中，企业缴费是主体部分。按照国家关于社保费缴纳的要求，单位社保缴费基数为职工工资总额或者本单位职工个人缴费工资总额，个人缴费基数为上一年度本人月平均工资且有上下限的规定。但长期以来，社保经办机构对企业经营信息和财务状况掌握较少，通常采取核定征收的方式，而非据实征收，由于社会保险税费是一笔不小的成本和支出，对企业而言少报或瞒报缴费基数等同于增加收入，不少企业为降低成本并未严格按照规定缴纳，如统一按照最低下限、固定工资或内部安排数额等作为基数，大大减少了应缴费额，不缴、迟缴、少缴现象普遍，社保经办机构难以实现按实征收，降低了制度的公平性，经办机构监管困难，核查成本更高。税务部门征收则不同，根据税收管理相关法律，经工商部门批准开业的各类企业、从事生产和经营的单位、个体工商户等，在领取营业执照后需在规定时间内向税务机关申报办理税务登记。税务部门可以通过企业的纳税登记信息了解企业经营和财务状况，方便及时地分析企业缴纳社会保险税费的真实性，也可通过所得税汇缴信息了解社会保险缴费人数和基数的准确性，并在税收检查时核查社保征缴信息。因此，税务部门征缴社保费有利于进一步督促企业做实费基、按实申报和足额缴纳社保税费，提高缴费率，做实和扩大费基，增加社保费收入，实现依法堵漏增收。数据显示，2017 年河南省社保划转税务部门征收当年，职工五项社保费收入增长 13.27%，约 6% 是由税务部门依法堵漏增收和参保扩面带来的，辽宁、福建、广东等税务部门全责征收的地区近五年社保收入也明显增长[1]；较早实现社保费税务部门征收的重庆市在 2013—2017 年间，职工五项社保费收入年均增长率达 12.4%，参保人数逐年增加，带来了社保费的自然增长[2]。与此同时，提高缴费率、扩大覆盖范围也有助于扩大基金池，这又会对降低社保费率提供空间，降低企业成本和负担，提高参保积极性，形成良性循环。根据《中国企业社保白皮书》（2018、2020）调查显示，[3] 2018 年，社保缴费合规企业数仅占调查总数的 30% 左右，其中主要原因是缴费基数不实；自 2019 年减税降费政策落实后，企业社保合规程度明显提升。

第二，税务部门具备规范的征管程序，有助于降低征管的行政成本。首先，从机构设置来看，税务机关和社保经办机构是两个独立的单位，前者包括国家税务总局、省、自治区、直辖市国家税务局、县区地方税务局

① 曾金华. 社保划转不会增加企业总体负担为推进全国统筹奠定基础［N］. 经济日报，［2018-9-13］，http://www.ce.cn/xwzx/gnsz/gdxw/201809/13/t20180913_30287261. shtml.

② 胡虹. 重庆：税务征收社会保险费已有 20 年有效促进社会保障建设［N］. 人民网，［2018-9-13］，http://chongqing.chinatax.gov.cn/cqtax/xwdt/mtsd/201908/t20190820_292364. html.

③ 注：《中国企业社保白皮书》是由社保第三方机构 "51 社保" 对中国企业社保发展现状的报告，参考来源：http://www.51shebao.com/news/industry-report.

等各级机构，征收税费是其基本职责和权利；后者属于非营利性公共机构，也建立了全国自上而下的机构体系，对各社保项目进行行政性、事业性管理，征收保费是其经办业务的项目之一。虽然税务和社保经办机构在职责上存在明显差异，但二者共同的角色是征收机构，整合二者的功能有助于优化组织机构设置，降低行政运行成本，提高政府工作效率，优化营商环境。其次，从具体的征管程序看，整合征收职能有助于减少企业开办登记程序和手续，提高办事效率，降低行政事务成本。传统上，企业开办时除了要到工商部门办理注册登记外，还需到税务部门办理纳税登记、纳税申报，到社保部门办理社保登记、保费申报与核定，实行两套档案管理，并分别缴纳税收和社保费，且在税费稽查时社保部门仍然要依赖于税务部门的各类信息。而且，就社保管理本身来说，五大险种也存在不同的管理部门，这意味着企业办理各类业务需要与不同部门沟通、填报各类表格、提供相同的证明材料、等待更长的时间，缴款人"多头跑、反复跑"。相比社保部门，将保费征收职能整合到税务机构有助于实现真正意义上的"放管服"，促进降成本、提效率。具体而言，税收征管一般都建立了相应的法律法规，规定了纳税申报、档案管理、税费征缴、税务检查等过程，通过税务部门征收可以规范社保税费征收过程，形成有序的征管流程，更加有效地利用现有资源，减少建档、支付、数据输入和核验等相似的流程中的物力、人力和人力资源管理与培训成本，减少征收、付款及审计等核心职能领域的重复，网络建设、办公设施、系统开发等相关基础设施的建设成本。因而，将社会保险缴款相关功能纳入税务机构，可降低部门间的交易成本，减少覆盖增值税、所得税（工资税）和社会保险缴款等项目的相似的申报或缴纳表格、记录保存、通用的审计程序等工作，提高纳税人、缴款人的办事效率，增强参保意愿。

第三，税务部门征收社会保险税费更具强制性，有助于提高缴费的遵从度。在税务管理中，常用"纳税遵从（Tax compliance）"反映纳税人申报、缴纳税收及时性和准确性以及服从相关规定的程度；同样，职工社会保险也存在遵从问题，即企业和职工是否按时、及时、按实申报和缴纳社保费。研究显示，大量企业（尤其是民营企业、中小企业和劳动密集型企业）逃避社保缴费①，存在明显的社保不遵从，不遵从的原因包括对社保政策和缴纳程序的认知不足、企业需要降低人力成本、参保对象对社保预期收益不信任或存在从众心理（即身边的人是否参保）以及选择商业保险作为替代等②。社保不遵从行为带来了逆向选择问题和企业间的不公平，短期内，需要增加强制性以克服这些问题，提高参保与缴费率；长期看，通过优化社保政策、简化经办程序、提高享受待遇预期等措施将强制性的被动遵从转变为主动遵从。如前所述，政府征税是保障公共事务需求和提供公共服务的主要资金来源，社保缴费是制度可持续运行的保障，除了必要的纳税和缴费激励措施外，还需通过依法强制性征收以提升征管力度和效果。在社保领域，目前仅有 2010 年颁布的《社会保险法》为主要法律依据，关于社保征管问题并没有明确的法律规定，立法滞后、立法层次较低，社保机构征管缺乏系统、完整的制度体系和规范的征收程序，在征收过程中执法力不强，出现拒缴、少缴、欠缴等行为时缺乏强制性措施和制约手段。从法律体系构建的情况看，税务部门征缴税费的法律法规依据更健全，除了各税种有专门的立法外，1992 年《税收征管法》通过并经历了多次修订，对征管过程有明确的法律规定和效力。作为行政权力较强的税务部门，按照"有法可依、有法必依、违法必究"的原则，其执法更规范，可在征缴过程中依法强制执行，实施税收和保费同源、同征、同管，确保企业和个人按时、按量缴纳社会保险税费，减少因征管力不强而带来的漏缴、不缴或少缴的情况，提升企业间公平性。同时，公众对税收和社会保险缴款的遵从态度因其强制性大小而存在差异，即强制性越大、处罚措施越严厉、投机成本越高，人们的遵从度越高，增强社会保险征收的强制性有助于提高缴费遵从度。

第四，税务部门机构设置齐全，有助于提升社保费征缴效率。从硬件配备来看，税务部门建立了自上而下的、四级分层结构的税务机构，包括国家税务总局，省、自治区、计划单列市国税局，地市级国税局，区县级国税局，形成了规范齐全的组织体系和办事大厅。自 1994 年以来，"金税

① 赵绍阳，周博，佘楷文. 社保政策缴费率与企业实际参保状况——以养老保险为例 [J]. 经济科学，2020（04）：111-124.

② 潘楠. 我国社会保险缴费激励措施的优化路径——基于社会保险缴费遵从研究 [J]. 宏观经济管理，2017（S1）：108-110.

工程"已经历了三期建设，建立了分布广、层次多的网络信息系统，积累了丰富的征管信息资源，纳税人认定、纳税申报、征收税款等程序的网络运行效率更高，可更加便捷地开展开票、认证、稽核、协查等工作。从人员配置来看，继分税制改革后，税务部门岗位设置和职能配置不断优化，任用方式、培训体系和考核机制进一步完善，公开招考改善了工作人员的年龄、学历结构，并由具备税收、会计和财务等专业背景和征管经验的工作人员提供征缴服务，税务人才队伍不断壮大和优化。税务部门征收社保费可利用税务部门广泛的网点和人力资源，方便纳税人在缴纳其他税款的同时缴纳社保税费，实现协同管理，提高缴款效率。数据显示，2000 年广东省开始由税务机构统一征收社保费，全市缴纳"五险"的人数从 1999 年的 500 万人增加到 2017 年的 2147 万人（不含深圳），广东也成为全国社保覆盖面最广的省份，税务征收的方式节约了成本、提升了征缴效能①。从国际经验看，那些将社保征收活动纳入税收管理的国家发现，税务部门征收社保缴款的边际成本相对较小，其理由正是税收征管机构有广泛而完善的基础设施，不仅可以征收税款，还可以执行重要的检验、监督等功能②。尽管每个国家都有不同的国情，但很多国家已经看到利用税务管理部门征收能力降低社保征收成本和提高效率的价值，并把各个保障项目税费纳入了税收部门征收。相反，那些仍然维持社保税费独立征收系统的国家则需要建立共享信息机制，否则，将不可避免地出现征收信息系统开发与建设的高昂成本和重复性利用政府的稀缺资源。

　　第五，税务部门征管还有助于更进一步实现社保基金"收支两条线"，强化资金监管力度。在社保经办机构征收保费的制度中，"收支两条线"是规范社保基金财务行为的措施之一，即社保经办机构在国有商业银行建立社保"基金收入户"和"基金支出户"，财政部门开设"基金专户"。经办机构征收的保费暂存收入户，财政专户用于接收收入户基金的划转，基金

────────────

　　① 张一琪. 社保费用统一由税务部门征收，目的很明确—个人企业国家三者都成赢家［N］. 人民日报海外版，2018-10-15（05）.

　　② Heller, P. and Gillingham, R, Public v. Private Roles in Funded Pension Systems, Paper presented at Second APEC Regional Forum on Pension Fund Reforms. 1999, Vina del Mar, Chile, 26-27 April.

支出时再由财政专户划入支出户。传统意义的"收支两条线"是从基金账户角度而言的，主要的监管职责由财政部门承担，社保经办机构既是征收单位，又是支付单位，集社保费收、支、管、用于一体，虽然经办机构具有专业性、经办业务完整性等优点，但征管的约束性较差，征收是否到位、管理是否有序、资金是否合理利用等缺乏独立的财务控制，如果外部监管不到位，可能导致社保基金被挤占、挪用等违法违规现象发生。实施社保费征收体制改革后，社保机构和税务部门在共享参保人基本信息和注册登记的基础上，通过"税务部门征收、社保经办机构申请和待遇审核、财务专户支付和审计部门监督"的运行管理机制，不仅做到账户收支分开，更使收支部门分开，增加监管主体，能够保障基金的安全性和资金使用的有效性，促进社保制度可持续发展。同时，作为"收"的主体，税务部门的核心工作是征收，如前所述，它具备机构设置和人员配备等方面的优势，并建立了便于评估和征收的流程；作为"支"的主体，社保部门的核心功能和优势在于参保扩面、登记、权益记录等，尤其需要做好参保人待遇的核算与给付，维护参保人权益，将与之相反的征收功能放在社保部门会降低征收效率和待遇给付，因而，税务部门征收保费可将社保经办机构从繁重的征收任务中解脱出来，集中精力把"支出"工作做得更好。

二、税务部门征管存在的劣势（Weaknesses）

第一，税务部门征收社保费的具体权责尚不明确。尽管到目前为止，全国各地几乎都提出了社保费转交税务部门征收的政策通知，但关于社保经办程序部分环节的责任归属仍然存在模糊之处。一方面，全国各地关于社保缴费基数核定的责任尚未统一。社保基数的准确性关系着费源的稳定性和企业间的公平性，但在实际缴费执行中，各地区或企业有不同的做法，有的按上年度数额核定征收，有的按上季度数额核定征收，有的按本期实际数征收，标准各不相同。目前，部分地区社保费税务机构代征，社保机构负责核定，再由税务部门征收，甚至连全责征收的地区也有部分险种是通过社保机构进行核定的。这种仅仅改变征收主体而无核定责任转变的方式，降低了税务机构的征管责任，不仅无法将税务机构拥有的机构设置和信息优势发挥出来，还增加了部门间沟通成本；另一方面，与保费核定相对应的稽核责任不够明晰。稽核是对保费申报和缴纳真实性和准确性进一步审查的过程，涉及参保主体用人情况、工资报表、财务状况等信息和资料，稽核主体有权对违规违法行为进行处理。目前，部分地区由社保经办机构进行核查，部分地区税务机构有权核查，或者双方都可以进行稽核，但由于现有的《社会保险法》《社会保险费征缴暂行条例》《税收征收管理法》《税收征收管理法实施细则》没有明确规定社保征收主体，也没有为征管协助和费源信息提供清晰的规范，立法存在滞后性，对于税务机构稽核责任的落实尚缺乏强制力，不利于督促部分企业按实缴费。此外，现有法律法规政策对社保缴费登记、日常管理、权益记录、行政执法等业务尚未明确相应部门的职权、职能和职责界定。

第二，税务部门征收的人力负担较重。一方面，从专业知识角度，社会保险涉及"生老病死"的民生项目，包含多个经办程序，覆盖广泛的社会成员，各险种存在政策差异，是一个复杂的体系，征收工作需要细心、耐心且对社保知识较为熟悉的专业人员才能更好地胜任。社保经办机构一般按险种划分了不同的责任部门和经办窗口，负责包括登记、档案管理、缴费记录、待遇支付、业务咨询等在内的全过程经办管理，经办管理人员一般由熟悉社保政策或经过专业培训的工作人员任职，在征缴保费时更具有专业性，能够及时解决参保人员的业务咨询。而且，社保经办机构只负责征缴社保费而无须征收其他费用，因而更能集中精力做好保费征缴工作。相比而言，税务机构以征收各类税收为主，在社保专业知识和政策了解程度方面略显不足，在参保者业务咨询和服务方面需要耗费更多的时间和精力，税务部门征收保费后需要其工作人员进一步加强社保知识的学习和培训；另一方面，从人员数量看，社保费交由税务部门征收后，税务部门除了征管所得税、商品税和财政税等各类税收外，还设置了"社保和非税收入科（股）"，承担包括社保和非税收入的管理职责。社保存在业务量大和复杂性强的特点，征管机构需要自上而下进行参保信息登记和核对、实地宣传辅导、误缴漏缴多缴、缴费不足以及缴费失败等情况的核实处理工作量较大，而机构"增事不增人"，税务部门征管负担加重。同时，与增加的业务量相比，征管人员的激励机制尚未建立，各地政府安排的专项补助资金不足且使用不规范，难以调动基层工作者的积极性。

第三，税务部门征收后沟通成本增加。一方面，从经办过程看，保费征收是社保经办管理过程中的一个重要环节，经办机构征收保费过程与其他经办程序相连接，具有较好的连续性和系统性，可以减少部门与部门之间信息的交易过程和时间成本，减少部门之间的业务冲突、利益纠葛和责任推诿，且社保机构征收保费时更能了解资金的收支情况，方便按照"收支基本平衡"的原则做出统筹安排。与此同时，社保机构能够在全过程管理中深入了解和追踪参保人信息，从"以人为本"的角度关切不同参保人的需求和困难，并提供便捷的征收程序和一体化的征收过程，及时解决参保者的信息变更、缴费增减和待遇申请等问题。税务部门征收在程序上不具有连续性，核定、征收、管理、查处等环节将面临多部门分权，工作配合力度减弱。参保人缴费是以参保登记、建档立卡为前提的，而这些工作是由社保经办机构完成的，税务部门尚不具备与征收职责相对应的社保费申报、缴费基数核定、信息变更、欠费处罚、进度查询等管理权限①。这意味着税务部门征收前需要与社保机构间进行信息沟通与核查，需要经办机构提供基础数据，确保征收金额的准确性；当用人单位发生欠费或者少缴费的情况时，社保费征收机构只能依据银行、人民法院、县级以上有关行政部门对欠费进行追缴，涉及多部门之间的信息沟通，执法时间长，势必会出现多头管理和增加部门间的交易成本，影响了征缴的力度；另一方面，从技术层面看，现行社保费征管流程较为复杂。涉及人社、医保、财政、税务、银行、税务等多个部门互相配合，虽然地税部门已将社保费纳入信息化管理范围，并在信息化建设方面取得重大进展，但不同部门之间尚未实现数据的有效对接，仍缺乏统一的征管软件和部门间相互沟通连接的信息网络渠道和机制，相互间协调难度加大。这导致社保相关信息难以收集、部门之间信息不对称、征收管理制度与信息系统不匹配等问题，数据交叉分析困难，集成率、分析率和利用率较低②，给税务部门征收保费带来不便，影响征缴效率。

---

①　张智. 社会保险费征管中存在的问题及对策［J］. 税务研究，2019，4：126-128.

②　元林君. 我国社会保险费征缴体制现状、问题与改革趋势［J］. 科学经济社会，2018，151（02）：52-57+74.

第二节　税务机构征管的机遇与挑战

一、税务机构征管社保费的机遇（Opportunities）

第一，减税降费为社保费税务部门征收营造了良好的经济环境。供给侧结构改革背景下，我国实施了积极的财政政策以刺激经济增长，其中，减税降费是优化营商环境的重要举措。2018年9月，国家税务总局印发了《关于进一步落实好简政减税降负措施更好服务经济社会发展有关工作的通知》，要求各地实施简政、减税、降负措施，随后国家税务总局又印发一系列通知督促各地落实减税降费政策。减税降费政策对税务部门征收社保费的好处体现在两个方面：一方面，"减税"主要包括降低增值税税率、提高个人所得税起征点、减免企业所得税和部分减征资源税、城镇土地使用税等措施，这些政策降低了企业运行成本，尤其缓解了小微企业经营困难，直接带来企业和个人收入的增加；另一方面，"降费"除了取消或停征部分行政事业性收费外，重点还要降低社保费率。2019年国务院办公厅印发了《降低社会保险费率综合方案》的通知，将养老保险缴费比例降至16%，继续降低失业和工伤保险费率，适度降低社保缴费基数，这对企业而言进一步降低了社会负担为企业减税减费。从经济效益的角度，减税降费对企业而言都具有正向激励作用，企业负担减轻后其参保缴费积极性会有所提高，从而为税务部门按实征收排除一定的障碍。

第二，国税地税改革为税务征收社保费提供了良好的行政环境。从交易成本的角度看，复杂的征缴过程和手续会降低征缴双方的工作效率，尤其是缴费方将过多的精力耗费在行政程序上会降低其经济效率。为了加强税收征管、减少工作程序重复性、简化征收手续和降低征收成本，在直接的减税和降费基础上，2018年中共中央办公厅、国务院办公厅下发国税地税体制改革方案，从"为民便民利民"的角度，整合国税与地税的征管职责，调整征管项目，优化征管职能，在征管程序上简化企业税费缴纳流程、减少报送资料清单、精简税务注销程序等，实现税收体系的"放管服"，提高纳税主体的便利性和满意度。在此背景下将社保费征缴责任转交给税务部门，有助于降低企业缴费的行政成本，提高企业纳税缴费的积极性和遵从度，提升征收效率和效果。

第三，互联网信息化与"大数据"建设为税务征收提供了技术支撑。社会保险是一个项目多、覆盖范围广泛、涉及资金量巨大的复杂体系，随着人们对社会保险认识的加深，参加社保的人数也逐渐增加。据数据统计显示，2020 年底全国参加基本医疗保险的人数达 136100 万人，全年基金总收入为 24638.61 亿元；参加基本养老保险的人数达 99865 万人，涉及基金收入 49229 亿元；参加失业保险人数为 21689 万人，涉及基金收入 952 亿元；参加工伤保险人数为 26763 万人，涉及基金收入 486 亿元①。这些简单的数据背后还涉及无数参保人的信息，数据量大、分布广泛，需要更加智能化的信息平台、更加及时的信息传递和更多功能的信息处理技术，而互联网信息技术的发展和大数据平台建设为此奠定了基础，在"无纸化"办公条件下更便捷地进行数据采集、存储、关联和挖掘分析，弥补了传统上数据记录、核对和共享的困难。在此背景下，将社保费征收职责转交给税务部门，可大大降低税费征收负担，减少因数据和信息处理带来的工作量。

二、税务部门征管社保费面临的挑战（Threats）

第一，税务部门征收社保费可能面临来自参保对象的不配合。我国自各项社会保险制度建立以来，保险费率处于较高的水平，其中，城镇职工养老保险缴费率分别为 20%（用人单位，直到 2018 年才降至 16%）和 8%（雇员），医疗保险费率分别为 6%（用人单位）和 2%（个人），加上生育保险、失业保险和工伤保险，用人单位需要缴纳的社保费率达 30% 以上，企业成本高、负担重。自 2015 年以来，我国先后多次降低社保费率，总体社保费率明显下降，但由于部分企业未按实、按时参保缴费导致实际费率偏低，名义费率仍然较高，使很多企业在计算成本时"望而生畏"。同时，

---

① 数据来源：2020 年度人力资源和社会保障事业发展统计公报［EB/OL］. 人社部网站，http://www. mohrss. gov. cn/SYrlzyhshbzb/zwgk/szrs/tjgb/202107/t20210726 _ 419319. html.

2020 年医疗保障事业发展统计快报［EB/OL］. 国家医保局网站，http://www. nhsa. gov. cn/art/2021/3/8/art_7_4590. html.

受"短视"心理的影响，部分从业者和居民对社保的认识仍然不足，对社保的长期效用缺乏信心，参保积极性不高，出现企业和员工合谋将应缴保费部分地转变为工资以降低成本。税务部门征收保费意味着企业和个人必须按实缴纳，企业用工成本短期内必然增加，缴费积极性下降，对税务部门开展征收工作带来阻碍。

第二，社保统筹层次的差异化加大了税务机构征收的难度。我国社保各险种建立之初主要以县级为主，少部分地区采取市级统筹，总体的统筹层次较低，尽管到目前为止，部分地区提高了统筹层次，但各险种发展差异明显，且城市与农村、中东西部地区、经济发达地区与经济欠发达地区、新兴城市与老工业城市之间发展不平衡。一般而言，经济发达地区、新兴城市的工资水平普遍高于经济不发达地区和老工业城市，因而缴费基数和额度存在差异，且前者吸引了大量的青壮年劳动力，老龄人口占比较低，医疗和养老等需求相对较少，征收较低比例的保险费即可满足该地区离退休人员的需要；相反，经济欠发达地区和老工业城市"留守"老人更多，对医疗和养老基金的需求量大，需要以更高的比例征收保费才能满足需求①。社会保险统筹层次低影响了缴款效率和征管能力，首先，长期以来我国社保费征收体制存在明显的省际差异，部分由社保经办机构征收，部分由税务机构征缴，各地社保费缴纳状况和社保负担差别较大，不利于税务部门统一征管；其次，较低的统筹层次下，地方政府的财力有限，社保事权与财权不相匹配，尤其是经济欠发达地区无法有力保障对社保的财力支撑，且地方政府只能承担起保障本辖区居民的责任，阻碍了不同区域间劳动力的自由流动②，这也是农民工或灵活从业者参保率较低的重要原因；再次，由于各地平均工资水平差异较大，缴费基数、标准和各险种缴费比例差异化，社保费用计算方式复杂，加大了社保征管的难度③；最后，统筹层次的险种差异和地区性差异使部分地区在缴费登记时缺乏统一的登记编号，

---

① 李梦娟. 社会保障税的开征及其制度设计 [J]. 税务研究，2011，2：58-61.

② 潘常刚. 社会保障缴款征管能力研究——基于不同征管主体的视角 [D]. 中南财经政法大学，2018.

③ 张智. 社会保险费征管中存在的问题及对策 [J]. 税务研究，2019，No. 411 (04)：128-130.

导致同一个参保对象存在多个编号，难以实现各险种统筹、统一征收，增加了征缴工作量。

第三，新业态背景下从业者社保遵从度降低。随着互联网经济飞速发展，零工经济、平台经济、数字经济、共享经济等新业态不断涌现，灵活从业者体量日趋庞大。新业态从业者的特点对税务机构征管社保费带来不同程度的困难：首先，"就业是民生之本"，现有的社保制度建设是以稳定就业为前提的，即雇主和雇员共同承担保费，而新业态的突出特点是从业关系不稳定，存在临时雇佣、多重雇佣甚至无法确定劳动关系的状态，因而税务部门无法对其从业的单位或平台征收保费，也缺乏稳定的征收载体；其次，从业者就业形式多种多样，工作灵活，流动性强，在现有的统筹层次下，从业者参保积极性和遵从度不高，对征收机构带来挑战；再次，新业态灵活从业者的收入弹性化，即收入的高低与其工作的时长、工作的努力程度和工作量有直接关系，呈现不稳定的状态，灵活就业人员在规定范围内可以自愿选择适当的缴费基数，因而缴费基数的确定上出现频繁的波动，增加了征缴的工作量；最后，灵活就业人员信息获取困难，部分灵活就业人员因收入水平较低而无须缴税，税务部门缺少这些人群的缴税信息，在社保税费征缴中势必会增加申报登记、收入核查等工作量，不利于扩大参保范围。

第五章 代表性国家社保税费征管制度及启示

立足现实同时也要放眼国际，国外社会保险税费征管主要有三种模式：社会保障机构征收、税务部门征收和社会第三方机构征收。为了进一步明确代表性国家社保各险种的征管方式和不同征管模式的具体过程与特点，为我国社保费征收模式转型提供参考与借鉴，本研究选取德国作为社会保障机构征收的样本国家，选取了英国、瑞典、美国、澳大利亚等为税务部门征收的样本国家，选取了新加坡为第三方部门征收的样本国家，分别详细分析这些国家社保税费征管的制度、方法和程序。

第一节 社会保障机构征管模式——以德国为例

德国是世界上第一个建立现代社会保险制度的国家。1883 年、1884 年和 1889 年德国分别颁布了《疾病社会保险法》《工伤事故保险法》和《老年和残障社会保险法》，1927 年颁布了《失业保险法》，1994 年德国又颁布了《护理保险法》。经过 100 多年的发展，德国建立起了以养老、医疗、工伤事故、失业和护理为"五大支柱"的法定社会保险制度，同时，辅之以部分企业补充保险和私人保险。目前，德国 90% 以上的人口参加了法定社会保险制度，覆盖了养老、医疗、护理、失业、工伤事故等需求。

德国的法定社会保险（公共保障制度）是强制性的，主要通过雇主和雇员缴费（Social Security Contributions）的方式筹集资金，其缴费金额与其收入直接挂钩。如表 5-1 所示，养老保险、医疗保险、失业保险和护理险基本都由雇主和雇员分摊保费，工伤事故险则由雇主缴费。个人缴费从雇员的工资中直接扣除，且每次扣除金额会自动记录在个人工资单上。法定社会保险通过征收个人所得税和社会保险缴款等方式筹资，其中个人所得税主要由税务部门（Finanzamt）征收，社会保险缴款则由社会保险管理机构征收。特别需要说明的是，在德国，法定社会保险缴款（工伤事故险除外）是由雇员参与的各类医疗保险机构征收的，然后转交给各险种的管理机构进行统一管理和分配，而工伤保险则由雇主责任保险协会征收，以下为德国各险种的具体征管制度与方法。

表 5-1　2018 年德国社会保险法定费率

保险类型	雇主缴费率	雇员缴费率	合计费率	备注
养老保险	9.3%	9.3%	18.6%	缴费上限：7.8 万欧元
医疗保险	7.3%	7.3%	14.6%	部分医疗保险计划对雇主和雇员增收 0.9% 的保费，缴费上限：5.31 万欧元
失业保险	1.25%	1.25%	2.5%	缴费上限：7.8 万欧元
（残疾）护理险	1.525%	1.525%	3.05%	无子女员工补缴 0.25%，其缴费率达到 1.775%
工伤事故险	1.185-1.6%	0	1.185-1.6%	雇主缴费率根据行业风险不同而有所差异，雇员无须缴费

参考资料：OECD. Taxing Wages 2019 [EB/OL]. https://read.oecd-ilibrary.org/taxation

一、养老保险的征管

德国的养老保障体系主要由法定养老保险（Pensions insurance）、自愿性职业养老保险和私人保险构成，形成了"三支柱"模式，其中法定养老保险是主体部分。法定养老保险起源于俾斯麦时期，除少数特殊情况外，几乎所有的雇员都要参加法定养老保险，其财务模式采取"以支定收、现收现付制"，实现横向代际互济和平衡，当保险基金出现缺口时，财政给予补贴。参保者连续缴费满 5 年后可以从 65 岁开始领取保险金，目前，德国的法定退休年龄是 67 岁。在老龄化背景下，德国将逐渐提高法定退休年龄，为了鼓励人们推迟退休、减少提前退休，政策规定，提前退休者的养老金收益每年将在原有的基础上减少 3.6%，推迟退休者则每年可增加 6% 的养老金①。法定养老保险随着经济发展和收入水平的变化而调整，2018年养老保险缴费率总和为18.6%，雇主和雇员分别缴纳雇员总工资的9.3%；德国规定了缴费的上限，2019年西德的缴费上限为每月6700欧元，东德的缴费上限为每月6150欧元。

德国法定社会保险实行分散性行政管理体制，养老保险实行国家立法、政府监督和养老保险经办机构自治相结合的管理模式②。如图5-1所示，联邦劳动与社会事务部是养老保险的主管机构，隶属于劳动与社会事务部的联邦保险监管局对养老保险进行法律监督和管理各州养老保险金的分配。在社会保险费用征缴过程中，雇主和雇员按标准将养老、失业、工伤在内的各项社保缴费交由医疗保险机构进行征收，各医疗保险机构根据企业提供的雇员信息和社保费记录，将缴费汇集成基金之后，再划拨给各社保项目经办管理机构③。在德国，法定养老保险的核心经办管理机构主要是养老

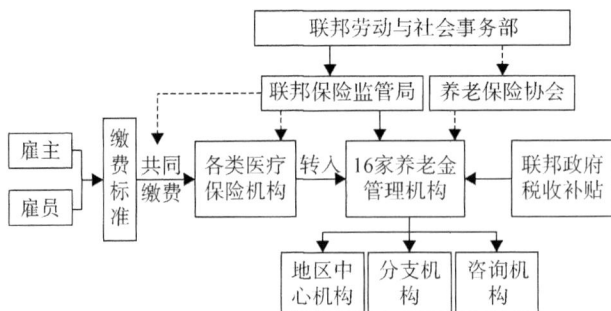

图5-1　德国养老保险基金征缴体系

注：横向箭头表示资金流向，纵向箭头表示隶属关系，虚线箭头表示监督关系。

参考资料：①周弘. 125国（地区）社会保障资金流程图 [M]. 北京：中国劳动社会保障出版社，2011. ②周弘. 50国（地区）社会保障机构图解 [M]. 北京：中国劳动社会保障出版社，2011.

---

① 数据来源：OECD. Pensions at a glance 2011：Germany [EB/OL]. https://www.oecd. org/els/public-pensions/pensionsataglance2011. htm.

② 秦菁霞. 德国养老保险联合会在养老金管理中的作用研究 [D]. 广西大学，2018.

③ 郑秉文，房连泉. 社会保障供款征缴体制国际比较与中国的抉择 [J]. 公共管理学报，2007（4）：1-17.

保险协会和全国 16 家养老金管理机构。其中，养老保险协会由原德国养老保险机构联盟和联邦职员养老保险两个机构合并而成，在负责监督协调其他经办机构和培训养老保险管理工作人员的同时，也在联邦层面承担法定养老保险的经办管理工作。在 16 家养老金管理机构中，包括以地名命名的 15 个地区性管理机构，负责各个地区的养老保险经办工作，以及 1 个全国性的管理机构，即德国矿工、海员与铁路工人养老保险机构。这 16 家管理机构属于法人社团，具有自治性和独立性，在具体事务上具有一定的主导权和决定权，并接受政府监督。

二、医疗保险和长期护理保险的征管

德国的法定医疗保险又称疾病基金，俾斯麦政府设立时只针对工业从业人员开设，目前已基本覆盖全民，它要求年收入不超过 50000 欧元的个人强制参与保险。德国法定医疗保险以住院、药品和门诊服务为主，覆盖的医疗服务种类比较广泛，它通过不同收入、不同年龄、不同健康状况的参保人之间的互济和风险转移，实现风险分散。2015 年，德国医疗保险（Sickness fund）缴费率为 14.6%，雇主和雇员各缴 7.3%，2018 年，雇员缴费的比率提高到 8.3%，缴费上限为 5.31 万欧元。对于收入超过缴费上限的职工，可以退出法定保险而选择私人保险。法定医疗保险由 7 类不同的法定保险计划（Statutory Health Plans）组成，每一类保险计划中又包含多个疾病基金。目前，德国有 130 多个公共非营利性疾病基金，各保险基金有一定的自主权，雇员可以根据职业和需要自由选择参加哪一类疾病基金。如表 5-2 所示，7 类法定医疗保险计划分别包括：区域健康计划（Regionally based health plans）、替代性健康计划（Substitute health plans）、基于企业的健康计划（Company-based health plans）、工会基金（Guild funds）；此外，还有一些小型的保险计划，主要针对农民、海员、矿工三类特殊人群。各种保险计划之间是竞争与合作的关系，并在地区和联邦政府的监管下实行自主管理①，各机构的管理费用从医保基金中提取而非财政拨款。

---

① Porter M E, Guth C. 2012. Redefining German health care, moving to a value-based system［M］. Springer Berlin Heidelberg, 71-74.

表 5-2   2010 年德国法定医疗保险计划情况

保险计划的种类	机构的数量（个）	参保的人数（百万）	参保人数占总参保人数的比例（%）
区域健康计划	14	23.7	33.9
替代性健康计划	6	24.7	35.5
基于企业的健康计划	130	13.3	19.1
工会基金	9	5.5	7.2
其他	—	2.5	4.3

参考资料：Porter M E, Guth C. 2012. Redefining German health care, moving to a value-based system [M]. Springer Berlin Heidelberg, 73-74.

目前，德国法定医疗保险基金的筹资和分配由联邦保险监管局（BVA）统筹管理，该机构是一个建立在联邦层面上的运行实体，2009 年成立后取代了原来各个疾病保险基金在费率确定和保费征缴方面的职能，提升了德国法定医疗保险的统筹能力。如图 5-2 所示，雇主和雇员按照缴费标准将保险费缴纳至联邦保险监管局管理的"健保基金"，健保基金将保费汇总后，根据各个保险计划的参保人数和需求，综合考虑参保人群的性别、年龄、患病率、工作性质等因素，将基金分配给各类保险计划和机构，财政根据基金的实际情况给予适当补贴。7 家法定医疗保险机构是具体的经办机构，它们是介于国家和市场之间的中间协调性自治组织，可以在法律范围内分配各自的基金，并在联邦健保基金拨付的预算不足时，享有一定的征收权力[1]。

德国的长期护理保险费征缴和经办管理与法定医疗保险基本相同。1995 年，德国建立了强制性的长期护理保险（Long-term-care insurance），法定医疗保险和私人医疗保险的参保者都必须参加长期护理保险。2013 年，法定长期护理保险覆盖了 87% 的人口，11.5% 的人口参加了私人长期护理保险[2]。1995 年，法定长期护理保险的缴费率为 1%；2017 年该费率上涨为 2.55%，

---

① 刘涛. 德国法定医疗保险制度改革及其启示 [J]. 中国公共政策评论，2014：110-121.

② Busse R, Blumel M. Germany：Health system review [J]. Health systems in transition, 2014, 16 (2)：1-296.

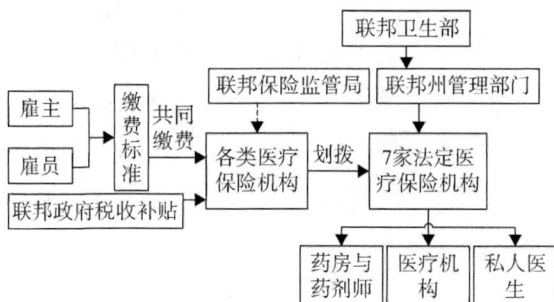

图 5-2 德国医疗保险基金征缴体系

注：横向箭头表示资金流向，纵向箭头表示隶属关系，虚线箭头表示监督关系。

参考资料：①周弘. 125 国（地区）社会保障资金流程图 [M]. 北京：中国劳动社会保障出版社，2011. ②周弘. 50 国（地区）社会保障机构图解 [M]. 北京：中国劳动社会保障出版社，2011.

雇主和雇员各缴 1.275%；2018 年，缴费上限为 5.31 万欧元。长期护理保险费在工资中进行扣除，并通过医疗保险机构划转给护理保险机构。

三、失业保险的征管

德国 1927 年颁布《失业保险法》，失业保险（Unemployment insurance）的功能随后从单纯发放失业救助金逐渐扩展到创造就业机会和预防失业，它对德国社会稳定和经济发展发挥了重要作用。失业保险作为一种强制性保险制度，其覆盖面十分广泛，除了自由职业者、部分公务员、退休人群和 65 岁以上雇员外，其他群体都要求强制参保。失业保险主要是通过雇主和雇员共同缴费进行筹资，2018 年失业保险费率为 3%，雇主和雇员各缴纳工资的 1.5%，缴费上限为 7.8 万欧元。当失业保险出现入不敷出的情况时，联邦政府给予补贴。德国的失业保险待遇分为两种，即失业保险金Ⅰ和失业保险金Ⅱ。除自由职业者和部分公务员外，所有具有正规劳动合同的个人都需要参加第Ⅰ种失业保险，除雇主和雇员的缴费外，州政府适当给予补贴，失业后 12 个月内可领取Ⅰ类失业保险金，主要用于补贴生活基本需求、帮助失业者找工作、给予就业培训。失业者领取失业金一年后仍然没有找到工作者，可领取Ⅱ类保险金。Ⅱ类失业保险金是在严格的家计调查基础上的定额救助金，其资金主要来自政府补贴。

　　失业保险金的征管如图 5-3 所示，联邦劳动与社会事务部是失业保险机构的主管部门，同时负责失业保险全流程的监督；管理理事会主要负责监督就业机构。雇主和雇员缴纳的失业保险费首先由各类医疗保险机构进行征收，然后将失业保险费转入联邦就业局，该局下辖有地区就业机构和地方就业机构办事处，二者分别负责 Ⅰ 类和 Ⅱ 类失业保险领取者的资格认定和失业金的发放。

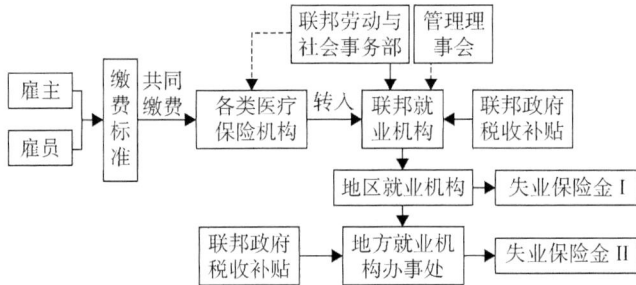

图 5-3　德国失业保险基金征缴体系

注：横向箭头表示资金流向，纵向箭头表示隶属关系，虚线箭头表示监督关系。

参考资料：①周弘. 125 国（地区）社会保障资金流程图［M］. 北京：中国劳动社会保障出版社，2011. ②周弘. 50 国（地区）社会保障机构图解［M］. 北京：中国劳动社会保障出版社，2011.

四、工伤保险的征管

　　德国是世界上第一个建立工伤保险（Injury insurance）制度的国家，到目前为止，工伤保险覆盖了各类从业人员。工伤保险筹资主要来自雇主缴费，根据行业风险不同实行差别费率，2017 年工伤事故险的平均费率为 1.16%；同时，政府通过税收对农业人口、在校学生和育儿机构的事故发生者给予补贴。在工伤保险征管方面，雇主需要将保险交给雇主责任保险协会（Berufsgenossenschaft），并由具有自治性质的工伤事故保险机构进行保险经办管理。

　　综上所述，德国法定社会保险主要由不同险种的行政管理机构进行分散化管理，如养老金管理机构、法定医疗保险机构、联邦和地区就业机构等，各险种实行独立管理。在保险费征管方面，养老、工伤和失业保险缴费主要由负责医疗保险计划管理的行政机构征收，医疗保险机构根据缴费情况和参保信息，将汇缴的基金划拨给各个险种的管理机构，征缴中的成本主要从基金中提取而非财政拨款。这种征缴方式有助于统筹安排基金，提高了基金的征管效率，但其管理成本较高，不同险种间的协调较困难①。与此同时，在德国现行的税费征管体制下，社保费征收与税收体系之间不存在交叉关系，即社保费主要通过社保行政管理部门征收和管理，而德国的税收实行联邦、州和地方政府三级分税制管理，因此，除了政府通过税收补贴社会保险基金缺口和救助特殊困难群体之外，德国的税务部门和社保部门之间的信息和缴费交流与合作较少。

第二节　税务部门征管模式——以英国、瑞典、美国和澳大利亚为例

一、英国社会保障税费征管制度

1897 年，英国颁布《工伤保险法》，覆盖了除自我雇佣者、部分公共部门就业人员（如军人）等之外的从业人员。1908 年，英国养老金制度首次立法，1911 年又相继推出残疾保险、医疗保险和失业保险计划，社会保险体系初见雏形。在经历 20 世纪 30 年代大危机、"二战"打击，并在福利国家思想影响下，英国于 1942 年颁布了《贝弗里奇报告》，试图通过建立和完善社会保障制度来消除贫困、疾病、愚昧、肮脏和懒惰"五大毒瘤"；1946 年，英国通过了《国民健康服务法》，对国民提供低费或免费的全面医疗保健服务；同年，英国又颁布了《国民保险法》，要求凡达到就业年龄的公民，都要依法参加国民保险（National Insurance），意在解除公民因失业、患病、伤残或其他意外事故而失去生活来源的后顾之忧。至此，英国建立起"从摇篮到坟墓"的福利国家体系。英国的社会保障项目大体可以分为三类，即免于家计调查的社会保险、以家计调查为基础的社会救助和社会福利制度。其中，社会保险制度通过雇主和雇员的缴纳国民保险税进行筹资，国民保险税属于中央税的一种，按收入的固定比例实行累进征收；社会福利

---

① 郑秉文，房连泉. 社会保障供款征缴体制国际比较与中国的抉择［J］. 公共管理学报，2007（4）：1-17.

和社会救助的资金来源主要是一般税收、部分国民保险费和其他收入。

（一）国民保险税的纳税人

在英国，年满 16 周岁至法定退休年龄①间的公民都要依法缴纳国民保险税。但是，英国国民保险税的纳税人没有像有些国家那样按照保险项目进行分类，而是按照不同的纳税人群，将国民保险制度划分了四个不同的类别或层次。第一类纳税人是每周收入超过 162 英镑的一般雇员，他们的国民保险税由雇主自动扣除或由雇主直接支付；第二类纳税人是自营者（个体工商业者）或自雇者，对生产经营收入采取固定税额的方式征缴。自营者可以自愿选择税款的支付方式，如果年收入低于 6365 英镑，则无须支付；第三类纳税人为自愿参保者，主要是指因生病、照料家人等原因发生国民保险缴费中断的个人，以及那些收入较低的雇员、营利较少的自雇者、失业者等。为了解决因缴费年限不足而无法获得全额保险待遇的问题，他们可以自愿选择参加本类保险，其缴税方式与第二类相似，也是定额缴纳；第四类纳税人是指营业利润达到一定数量（例如，年利润超过 8632 英镑）或个人所得超过一定标准的自雇者，这类纳税人在缴纳第二类国民保险税的同时，还需要根据收入增缴一定比例的保险税。以上四类保险的覆盖项目如表 5-3 所示，其中第一类对象可享受所有的保障项目。

表 5-3　国民保险的保障项目

保障项目	第一类	第二类	第三类
基本国家养老保险	√	√	√
补充国家养老保险	√	×	×
新型国家养老保险	√	√	√
基于缴费的失业津贴	√	×	×
基于缴费的就业支持津贴	√	√	×
产假津贴	√	√	×
丧葬津贴	√	√	×

---

① 英国的法定退休年龄在 2020 年将达到 65 岁，预计 2024—2028 年将达到 66 岁，2034—2036 年将达到 67 岁，2044—2046 年将达到 68 岁。

注：补充国家养老保险是针对 1951 年 4 月 6 日前出生的男性和 1953 年 4 月 6 日前出生的女性，新型国家养老保险则是在前两个时间之后出生的人口；第 4 类参保者的缴款通常不计入国家保障范围。

资料来源：英国国民保险网. 国民保险项目［EB/OL］. https://www.gov.uk/national-insurance/what-national-insurance-is-for

（二）国民保险税的征收标准

国民保险税是由雇主和雇员按照一定比例缴纳，不同收入水平下雇主和雇员缴纳的比例不同，即所谓的 pay-as-you-earn（PAYE）[①] 模式。以第一类国民保险为例（表 5-4 所示），根据 2018 年的规定，雇员每周收入在 162 英镑以下者，没有缴款义务，费率为 0%，此时雇主也不需要为其缴费。但是，为了保证雇员享受保险待遇的权利，税法视同其按收入的一定比例缴纳了税费；雇员每周收入为 162 至 892 英镑的，需要按其收入缴纳 12%，雇主需要缴纳 13.8% 的国民保险税。雇员每周收入超过 892 英镑的部分需缴纳 2%，雇主也需要缴纳 13.8%[②]。在征税过程中，英国还具体划分了不同的人群，并实行差异化征税方式，即除 B、C、H、J、M 和 Z 以外的其他雇员，需要参加 A 类保险。其中，B 类员工表示已婚妇女和寡妇，可适当减少国民保险费；C 表示超过国家养老金领取年龄的人群，他们不需要个人缴费，但要求雇员收入超过 162 英镑的雇主为其缴费；J 表示可以推迟缴纳国民保险的员工，前提是他们已经在另一份工作中支付了这笔费用；H 表示 25 岁以下、每周收入在 162—892 英镑的学徒，其雇主不需要缴纳国民保险费；M 表示 21 周岁以下的雇员；Z 表示 21 岁以下、已经在另一份工作中支付了这笔费用的员工，可以推迟缴纳国民保险税。

表 5-4　英国第一类国民保险费费率

保险 类别	£ 503—£ 702/每月部分		£ 702.01—£ 3863/每月部分		大于£ 1863/每月部分	
	雇员	雇主	雇员	雇主	雇员	雇主
A	0%	0%	12%	13.8%	2%	13.8%
B	0%	0%	5.85%	13.8%	2%	13.8%

① PAYE 是英国征收所得税和国民保险税的制度，根据收入不同实施累计税制。
② OECD. Taxing Wages 2019. https://doi.org/10.1787/tax_wages-2019-en.

保险类别	£ 503—£ 702/每月部分		£ 702.01—£ 3863/每月部分		大于 £ 1863/每月部分	
	雇员	雇主	雇员	雇主	雇员	雇主
C	不适用	0%	不适用	13.8%	不适用	13.8%
H	0%	0%	12%	0%	2%	13.8%
J	0%	0%	2%	13.8%	2%	13.8%
M	0%	0%	12%	0%	2%	13.8%
Z	0%	0%	2%	0%	2%	13.8%

资料参考：英国税收和海关总署官方网站，国民保险费率 ［EB/OL］. https://www. hmrc. gov. uk/index. htm

（三）国民保险税的征收与管理

1. 纳税申报

英国法律规定，雇主和雇员都有缴纳国民保险税的义务。雇主在公司成立和营业 3 个月内，需要向税务和海关总署（HMRC）申报缴税义务，使用网上在线系统填写税收申报表格（少数雇主可以填写纸质版表格）。通常情况下，雇主需要在向税务部门提供工资信息时，提交"完整付款摘要（Full Payment Summary，FPS）"，向税务部门告知企业从雇员工资中扣除税收和国民保险款的情况，如果有其他必须说明的情形，雇主还需填报"雇主付款摘要（Employer Payment Summary，EPS）"。税务和海关总署收到申报后，会向申请方提供问卷以询问公司业务详情，公司有责任在规定的时间内呈交纳税申报表和税务部门规定的其他相关文件，并通过电子化方式进行缴税，否则，会面临罚款等处罚。英国税务和海关总署还规定，若通过CHAPS、银行自动清算、直接扣款等方式付款，其付款期限可延长 7 天。

对雇员而言，国民保险号（National Insurance Number）是查询国民保险缴款记录的重要工具。居住在英国且父母为其填写国家儿童福利申请表的居民，通常会在其 16 岁生日前的 3 个月内自动收到国民保险号码，如果年龄在 16 至 19 岁之间仍未获得国民保险号，则需致电税收和海关总署。没有国民保险号的雇员在参加工作时需要通过电话申报，申请者将收到工作和年金部（DWP）的一封信函，要求其参加关于申请国民保险号的面谈，该信函将要求申请者提供护照或身份证、居留许可证、出生或领养证明、结婚或伴侣合格证、驾驶执照，以便证明其身份。面谈中，申请者将被问及申请国民保险号码的原因，并告知获得国民保险号码所需要的时间。雇员获得国民保险号后需要告知雇主，管理部门可以通过 NI 查询雇员国民保险缴款情况。

2. 税款缴纳

英国皇家税收和海关总署是直接税和间接税的统一征收机构，隶属于英国财政部，它也是国民保险税征缴的主体（如图5-4所示）。雇主为受雇者（即第一类纳税人）支付的保险缴款必须包含在工资单①中；雇主每周支付给员工的工资如果低于118英镑，或者员工没有其他工作等情况的，雇主不需要登记国民保险税，但也需要保留工资记录。雇主对雇员工资的记录，需要通过工资单软件，如 Basic Pay As You Earn Tools（BPT）等，详细记录雇员的基本信息和缴税信息。工资单软件会根据雇员一个财政年度的工资状况，计算国民保险税的应缴税额，并从应税工资或薪金中扣除，汇缴给税务与海关总署。税金完成扣缴14天后，个人可以在工资单中查询缴税情况。如果一个雇员还兼职从事自营职业，那么，他就需要从工资中扣除第一类保险的同时，还要像自我雇佣者一样，支付第二、第四类保险税款。

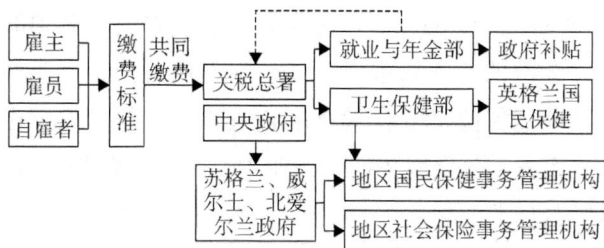

图5-4 英国社会保险基金征缴体系

注：横向箭头表示资金流向，纵向箭头表示隶属关系，虚线箭头表示监督关系。

参考资料：①周弘. 125 国（地区）社会保障资金流程图 [M]. 北京：中国劳动社会保障出版社，2011. ②周弘. 50 国（地区）社会保障机构图解 [M]. 北京：中国劳动社会保障出版社，2011.

---

① 雇主必须向雇员提供信息完整的工资单，可以通过工资单软件产生，工资单包括没有任何扣除的总工资、税收或国民保险税、扣除后的净工资、工作时间、国民保险号、税率、扣款总数等。

自我雇佣者（即第二、第四类纳税人）需要自己向税收和海关总署申报就业状态，并缴纳国民保险税。自雇者的缴税数额取决于收入或利润，需要通过自我评估系统（Self-assessment system）确认缴税额度。自我评估系统是英国税收和海关总署用于征缴所得税的专业系统，自雇者需要根据自己各项收入记录，真实地填写自我评估申请表，并在截止日期前提交申请表①，税收和海关总署将根据个人提交的自我评估纳税申报表，确定自雇者应纳的国民保险税额。随后，税收和海关总署将发出缴税通知，要求自我雇佣者在截止日期前提交报税表和付清税款，并按缴税时间从自雇者的工资、养老金或储蓄中自动扣除国民保险税款。

第三类纳税人是自愿参保者。他们在决定是否需要接续曾经中断的保险、是否缴纳自愿性保险之前，需要首先查询是否存在缴费中断的情况、中断的时间、是否符合参加第三类保险的资格，以及需要缴纳的额度，并联系养老金中心，以确认是否有补缴的必要。如果确定需要参加第三类保险，参保人就可以通过银行账户向税收和海关总署申请缴纳。

3. 征收管理

税收和海关总署每年收缴的国民保险税，需交由英国就业与年金部（Department of Work and Pensions）进行管理和支付。在英国的社保管理机构中，就业与年金部的业务量最大，年金服务局主要负责英格兰、苏格兰和威尔士的国民养老保险事务，就业中心主要负责管理医疗保险、工伤保险和失业保险等事务。年金服务局和就业中心在全国各地区设置分支机构，负责经办地区的具体业务。

英国税收和海关总署征收的国民保险费中约 15% 用于医疗保险，并由就业与年金部对资金收益和医疗保险支付部分进行监管。英国的国家卫生服务则主要由卫生保健部（DH）进行全面管理，其资金主要来源于政府一般税收。国家卫生服务制度实行分散式管理，卫生保健部直接管理英格兰地区的保健事务，苏格兰、威尔士、北爱尔兰地区则由地方保健部负责地区具体政策的制定和资金管理，四个行政区在主体框架保持一致的前提下，

---

① 英国税收和海关总署规定了报税的会计年度，目前一个纳税年为每年 4 月 6 日至次年 4 月 5 日。

独立运行各自的医疗卫生服务体系。卫生部门根据地方的人口结构、居民健康状况、医疗服务需求量和地区医疗服务的供给能力等因素制定预算，提交内阁审核和国会讨论决定；预算通过后，财政部将资金分配到地区卫生部门，再由地方卫生局根据协议，按照医院的床位、人头或者服务量将资金分配给医院和全科医生；参加私人医疗保险的居民在缴纳保险费用后，可以到相应的医疗机构就医，并承担一定的医疗费用①。

4. 税务稽查

英国的税收制度设计为其进行税收检查提供了便捷。首先，个人或企业进行纳税申报时，税收和海关总署会对其提交的申报表进行数据对比、稽核和分析，对于申报信息不准确者，将会发出核定纳税通知单，或通知申请者进行面谈，进一步了解企业和个人的状况。其次，在征收过程中，个人的国民保险号为查询就业状态和保险缴费记录提供了方便。税收和海关总署可以清楚地掌握个人的国民保险税缴款情况，自我评估系统也为自由执业者进行自核自缴奠定了基础；就企业而言，PAYE 制度增强了缴税的约束性，雇主必须通过软件记录和报备员工工资，并在发放给雇员的工资单中反映各项税收的具体情况，这在一定程度上加强了对雇员的监督。此外，社会民众也可以向税收和海关总署举报逃税行为，英国政府还公布了举报电话，鼓励民众对那些虚假报税者（如隐瞒商业利润）、交易现金不开收据者，以及在海外银行账户中隐藏资金、股票或其他资产的行为（如"离岸逃税"）进行举报。

税收和海关总署的一项重要职能是进行税务合规性检查，检查内容包括：公司纳税申报和自我评估纳税申报情况、账户与税款计算、雇主的 PAYE 记录、税款支付的合理性，以及公司会计师执业情况。税收和海关总署有权访问被检查者的家庭、企业或办公室，或者要求被检查对象接受检查，如果被检查方没有及时发送相关信息或无正当理由拒绝访问，那么，他们有可能面临罚款。对 HMRC 的决定或检查结论不服者，被检查方可申请替代性争议解决方案（ADR）。税务检查结束后，对于纳税人多交的税款，税务部门将予以退还并支付利息；对于少缴或未缴税者，HMRC 不仅将

---

① Koen V. 2000. Public Expenditure reform: the health care sector in the United Kingdom [J]. OECD Economics Department Working Papers, 2 (1): 1–7.

责令其在 30 天内补交税款并支付利息，而且，还会关注纳税人欠税或多缴的原因；对于那些存在不缴税或不按时缴税的风险人群，HMRC 要求他们事先支付保证金，并有权在其未支付税款时以保证金抵税。

如果出现缴税不及时或未按要求缴税且没有向税务部门报备的情形，税收和海关总署有权依照法律法规采取一系列强制性措施，以保证税款安全。例如，通过个人收入或养老金账户扣取欠款，通过讨债公司催收税款，对于居住在英格兰、威尔士或北爱尔兰的欠款人可以变卖个人拥有的资产，直接从个人银行账户中扣缴资金，通过司法程序关闭个人的经营业务等。同时，纳税人如果不按时缴税，还需要支付未付款项的利息、罚款或附加费。

二、瑞典社会保障税费征管制度

瑞典素有福利国家之"橱窗"的称号。早在 1891 和 1901 年，瑞典就分别对疾病保险和工伤保障进行立法，1913 年又通过了《全国养老金法案》，为全国老年人和丧失工作能力者提供社会保障，同时，开始酝酿推行失业保险、医疗保险。1932 年，瑞典社会民主党执政，首相阿尔宾·汉逊开始推行福利国家制，在建立各项社会保险计划的同时，还计划为民众提供免费和低费的教育、医疗、养老等社会服务。二战后，社会民主党继续推行社会福利计划，1946 年颁布了《国家养老金法案》，将养老保险制度覆盖范围扩展到全体老年人，提高养老金待遇水平，同时推行补充养老金制度；医疗保险覆盖对象也扩展到全民，规定凡有正式收入的家庭成员在参加医疗保险的情况下，其他家庭成员都可享受低费或免费的医疗服务；在就业方面，推行"充分就业"政策，实施失业保险制度，通过失业救济保障失业者的基本生活。此外，瑞典还建立了大规模的、包罗生活方方面面的福利设施，如加强老年人照顾服务和养老服务设施建设，改善住宅质量和条件，提供教育福利，给予行业补贴等。由此，瑞典的福利国家模式基本形成，服务的举办主体也由中央政府转变为地方政府。

（一）社会保险税的纳税人和税率

瑞典的社会保险制度主要通过对劳动者和企业征税的方式筹集资金，即社会保险税。在瑞典，凡是符合以下条件的自然人都需要提交纳税申报表并缴纳税款：永久居住在瑞典、最近来到瑞典并永久居住（计划居住一年以上），曾经居住在瑞典、曾被瑞典的企业雇佣的雇员，曾被瑞典境内的外国企业雇佣的雇员，以及国外公司派驻到瑞典工作超过六个月的人员。

社会保险税包括养老保险、医疗保险、工伤保险、失业保险等项目，不同的保险项目适用不同的税率。当个人收入等于或超过基本免税额的42.3%时，雇员和自雇者分别要缴纳一般性养老金，缴费额度不超过3.52万克朗。除养老保险外，雇员不需要缴纳其他社会保险税费。雇主缴纳的保险税根据一年总收入的一定比例计算而来，对自雇者来说其缴税基数是纯商业收入。社会保险税的税率如表5-5所示。其中，雇主和自雇者的养老保险税率分别为10.91%（事故幸存者养老保险税率0.7%）；医疗保险税的税率，雇主为4.35%，自雇为4.44%。此外，雇主还需要缴纳0.2%的工伤保险、2.64%的失业保险和13.32%的其他社会保险税（如生育保险、社会保险的一般性工资税、父母保险税），雇主和自雇者合计需要缴纳的社会保险税率分别为31.42%和28.97%。

表5-5　瑞典主要社会保险的缴税比率

保险项目	雇主（%）	自雇者（%）
养老保险	10.91	10.91
医疗保险	4.35	4.44
工伤保险	0.2	0.2
失业保险	2.64	0.1
其他（含一般工资税和生育保险）	13.32	13.32
合计	31.42	28.97

资料来源：OECD. Taxing Wages 2019［EB/OL］. https://doi.org/10.1787/tax_wages-2019-en

（二）社会保险税费的申报与征缴

1. 纳税申报

瑞典员工的社会保险税实行由雇主扣缴的制度，社会保险税主要是通过PAYE制度进行缴纳。因此，凡在瑞典注册为雇主的企业单位，都有义务进行纳税申报，并获得唯一的纳税号。2019年前，瑞典实行年度申报纳税制度，纳税年度为每年的1月1日至12月31日，每年春季开始报税，申报时间截止日期为 5 月的第一个星期一。在法定纳税年度里，企业必须将年度涉税基本信息提交给瑞典税务总局，提交方式既可以通过电子纳税申报系统，也可以通过邮件提交。提交的内容包括年度收入报表、涉税文件（CSR）、薪资调整等。其中，涉税文件包含上一年度的所有涉税信息，税务局会依据这些涉税信息把纳税人一年以来的涉税情况以表格形式寄给纳税雇员，如果本人无异议，则签字后寄回税务局。企业员工的涉税信息需要在工资核算系统（the payroll system）中适时更新。按照有关税法要求，瑞典企业需要建立工资单制度，企业的工资单必须考虑个人所得税、社会保险缴款及预扣税等；工资单中需要提供员工信息，如纳税识别号码（TIN）。雇主必须在每个支付日向员工提供工资单，工资记录必须保存至少 10 年。

瑞典的自雇者或个人社会保险税是与个人所得税一起申报的。每年的 4 月份，税务部门会向注册登记的个人发送所得税申报表，其中包含各种收入信息（包括海外收入），个人需要核对已有的纳税信息和填报缺失的信息，纳税人必须在每年的 5 月份，向税务部门提交税收申报表并录入电子服务系统。如果纳税人在 4 月 15 日还未收到所得税申报表，则需要主动联系税务局。在瑞典境内注册并拥有瑞典个人身份识别码（可通过瑞典银行等机构提供）的纳税人，可以在线申报纳税，没有个人身份识别码者只能提交纸质版申报表。

从 2019 年 1 月起，瑞典不再实行年度报税制度，PAYE 税收申报改为月度报告，即所有提交 PAYE 税收申报的纳税人必须按月填报新的申报表，并通过新的 PAYE 系统申报服务，按月报告支付给员工的工资和税收减免部分。当月的申报表必须在下月 12 日前提交，申报内容包括雇主和雇员的详细信息。为了避免错误或多次修改，在每月的 PAYE 税收申报中，企业必须提供详细的可能影响月薪和税收减免的信息，如企业福利或假期等。如果提交的申报表中确实有需要修改的信息，则需要向税务部门提出修改申请和审核。

2. 税款征缴管理

瑞典实行较为集中的税收管理体制，国家除了制定各单行税法外，还有统一的税收征管法，以作为各税种征收共同遵循的法律依据。同时，国家的大部分税收收入都由中央政府掌握。负责税款征收管理的瑞典国家税务局隶属于财政部，负责发布税收法规、税法行政解释、税务建议，以及管理地区税务局的税收政策；地区税务局负责中央及地方各类税收的具体征收工作。目前国家税务局下辖 10 个区域性征税机构，部分区域还设有大企业税收征收管理办公室。在瑞典，无论是法人还是个人，必须依照法律规定和要求向税务机构支付税款，税务部门为纳税人分配税收账户，该税务账户汇总了个人或企业的纳税信息，也是缴税的重要工具。

　　在社会保险税费征缴方面，瑞典建立了针对社会保险税费征收的电子系统，可以通过身份号码记录和查询个人信息和缴款情况。与此同时，瑞典还建立起了所得税和社会保险缴款的融合体系。所得税（由雇员支付）和社会保险税（雇主缴款）由雇主通过 PAYE 系统每月进行扣除，并由雇主直接支付给瑞典税务局（Skatteverket）；自雇者或个人则通过个人的税收账户缴纳税款。按照新的 PAYE 缴税制度，当月税款必须在下个月的 12 日（1 月和 8 月截止日期是 17 日）之前支付给税务部门。延迟缴纳社会保险税款者将被处以 500—1000 克朗的罚款，并支付税款的利息。为了避免延误缴税，个人或企业可以在截止日期前的任何时间通过互联网付款或使用预先填写的付款表格向税务账户支付税款。如果出现因疾病或事故等原因暂时不能支付税款的，可以向税务机构申请延缓缴税。

　　在瑞典，社会保险税的国家管理体制如图 5-5 所示，健康和社会事务部是中央层面的社会保险管理机构，管理除失业保险外的其他保险事务，其下属的瑞典社会保障署（NSIB）是具体执行机构，地区层面由社会保险办公室负责地区和当地的社会保险工作。中央层面的国家税务局（NTB）

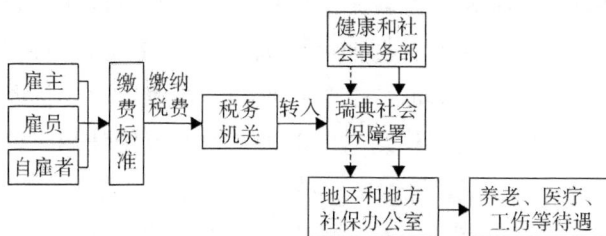

图 5-5　瑞典社会保险基金征缴体系

注：横向箭头表示资金流向，纵向箭头表示隶属关系，虚线箭头表示监督关系。

资料参考：①周弘. 125 国（地区）社会保障资金流程图 [M]. 北京：中国劳动社会保障出版社，2011. ②周弘. 50 国（地区）社会保障机构图解 [M]. 北京：中国劳动社会保障出版社，2011.

款和执法工作。雇主、雇员和自雇者向税务机关缴纳的社会保险税费，将转入社会保障署，由社会保障署进行资金分配，并监督管理地方社会保险机构的具体支付和管理工作。

3. 社会保险税的稽查

及区域和地方一级的税务机关负责人口登记，并管理征税、社保缴税收稽查的目的是确保纳税人依法缴纳税收。在瑞典，只有税务局有权按程序对本国纳税人的信息进行审查，并对审查过程中涉及的信息进行保密。瑞典所有从事商业活动的有限公司、贸易伙伴、经济协会、雇主、申请注册增值税的主体、外国企业家代理人等，都有义务接受瑞典税务局的税收审查。瑞典税务局审查的信息较为全面，如会计记录、公司纳税申报表、员工收入信息、缴纳的各类税收、注册登记信息、商业运营中合作伙伴或其他交易对象的信息等。对特殊需要排除在审查范围内的资料或信息，需要纳税人向行政法院提出申请。

除了少数特殊情况外，瑞典的税收检查一般在纳税经营场所内进行。检查的步骤包括：第一，税务局会与审查对象联系，商定审核的时间和地点，同时要将审查的相关信息发送给审查对象，如审计的目的、税务局负责审计人员的身份信息等；第二，税务局的审核员将告知审查对象需要提前准备的文件，同时，审核尽可能以不影响商业运行的方式进行。在此过程中，纳税人需要准备好审计员规定的详细资料；第三，税务局进行实际审核，审计员将审查与商业运营有关的会计记录和其他文件，包括以电子方式存储的数据，纳税人必须确保审核员在必要时可以使用公司计算机系统，或向他们提供数据副本，例如计算机、DVD 或 USB 闪存等存储记录。除审查会计记录外，审计师也可以盘点现金、检查库存、机器和设备，检查商业运营中使用的房屋和建筑物，采集商业运营中使用、销售或以其他方式提供的货物样本。审查过程中，纳税人有权要求告知审查的文件内容；最后，税务局将起草审计备忘录，详细说明审查的时间及审查的内容。在审查过程中如果纳税人不认真配合审查工作，税务局有权强制执行、处以罚款并采取其他处罚措施①。

---

① 资料参考：瑞典税务局网站. 税收检查［EB/OL］. www. skatteverket. se.

（三）失业保险费的征缴管理

在瑞典，失业保险和其他保险不由税务局征收，而是由其他机构管理，具体征管制度如图 5-6 所示。瑞典的失业保险包含两部分：一是基本失业保险，主要由雇主缴纳；二是自愿性失业保险，主要由自雇者和参保雇员缴纳。失业保险金由隶属于失业保险局的失业保险基金征管，瑞典大约建立了36 个独立于政府的失业保险基金，其管理者主要是行业工会或自雇者组织。当参保者发生失业时，各失业保险金将根据参保者的具体情况支付相应待遇。

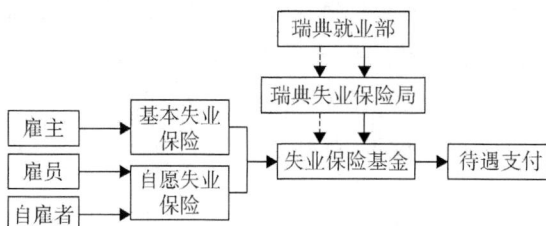

图 5-6　瑞典失业保险基金征缴体系

注：横向箭头表示资金流向，纵向箭头表示隶属关系，虚线箭头表示监督关系。

资料参考：①周弘. 125 国（地区）社会保障资金流程图［M］. 北京：中国劳动社会保障出版社，2011.②周弘. 50 国（地区）社会保障机构图解［M］. 北京：中国劳动社会保障出版社，2011.

三、美国社会保障税费的征管制度

1935 年，美国通过了历史上第一部以"社会保障"命名的法典，其目的是通过建立社会保障制度为各州的老人、盲人、未成年人以及残疾儿童提供援助计划和生活保障，为妇女保健、公共健康及失业补助做出更为妥善的安排，增进公共福利。在《社会保障法》颁布之初，保障项目和覆盖范围有限，之后，1965 年将医疗保险（Medicare）和医疗救助（Medicaid）纳入社会保障法，1983 年将覆盖范围进一步扩展到联邦文职雇员、国会议员、总统和副总统、法官和所有非营利机构的员工。2000 年，政府又放松了对退休人员领取待遇的约束条件，进一步扩展了覆盖对象，增加了保障项目，提高了保障水平。目前，美国的社会保障制度包含了养老保险、医疗保险、失业保险、住房补助、医疗救助，以及针对特殊人群如退伍军人、铁路工人的多层次的保障项目，并通过社会保险税等税收为社会保障运行提供资金支持。

（一）社会保障税的征收范围和纳税人

美国是世界上最早采用税收形式筹集社会保障基金的国家之一，除少数特殊情况外，所有工薪收入者和自由职业者均须依法缴纳社会保障税。美国的社会保障税将保障对象、覆盖项目与行业相结合，由四个方面组成：一是针对大多数承保对象和覆盖大部分承保障项目的一般社会保障税即工薪税（payroll-tax），二是针对失业人群的联邦失业保障税，三是针对铁路公司员工的退职税，四是针对个体业主征收的社会保障税[1]。因此，美国的社会保障税是将工薪税、铁路公司员工退职税、联邦失业税、个体业主税相结合的税收体系，这种征税方式在满足社会成员一般性社会保障需要的同时，也可以适应特定行业的工作特点[2]。

1. 工薪税

联邦工薪税是社会保障税的主体部分，征税依据是联邦保险缴款法案税（Federal Insurance Contributions Act taxes）和自雇者缴款法案税（Self Employment Contributions Act taxes），前者的纳税人为雇主和雇员，后者的纳税人是自雇人员（包括自由职业者、个体工商户等）。工薪税是美国财政收入的重要来源，由两部分组成，一是老年人、遗属和残疾保险税（Old-Age, Survivors and Disability Insurance, OASDI），二是医疗保险税（Medicare tax）。

OASDI 具有强制性和公共性，用于保障退休、残障工人及其家人的基本生活，属于一般意义上的"公共养老金"。OASDI 规定，雇员必须纳税 40 个季度（相当于 10 个缴费年限），退休后才能按月领取联邦退休金；纳税人如果在法定退休年龄之前退休的，退休金减额发放；退休人员领取联邦退休金时可以享受免税待遇，但年总收入超过一定金额者需纳税。OASDI 由雇主和雇员共同缴纳，2018 年雇主和雇员各需缴纳 6.2%（合计 12.4%）；个体经营者则需缴纳其所得额的 12.4%。工薪税的税基是雇员取得的工资薪金总额，包括奖金和实物工资等；自雇者缴税的税基是自雇者

---

① 刘明勋. 美国社会保障税探析 [J]. 国际税收, 2009 (9)：47-49.

② 刘丽丽. 借鉴国际经验、逐步推进我国社会保障税费改革 [J]. 国际税收, 2016 (7)：78-81.

的纯收入。无论是工资薪金还是纯收入，工薪税都没有税前扣除或其他扣除规定，但对应税收入有最高限额规定，这一限额称为社会保障工资基数（Social Security Wage Base）①。如果雇员的年工资薪金收入或自雇者的年纯收入小于当年的社会保障工资基数，则以实际收入作为应税收入计算纳税；反之，则以社会保障工资基数的数额作为应税收入计算纳税。超过限额的工薪部分不需要征税，且最高限额会根据经济发展情况、平均工资、物价水平、社保资金需求等因素进行调整，2019年，应税收入的最高限额为132900美元。

医疗保险税（Medicare tax）是为缴费人提供医疗保障的税收，按缴费人实际收入征收，其税率为雇主和雇员各1.45%（合计2.9%）。高收入者即收入超过20万美元的纳税人，需要缴纳额外住院保险税，增加部分的比例为0.9%。需要指出的是，美国的医疗保险除了Medicare和Medicaid外，商业医疗保险在个人医疗保险中占据重要地位，2017年，私人保险覆盖了54%的雇员，雇主需要分别为私人保险缴费8524美元（针对家庭）和4113美元（针对单身者）②。

2. 失业保险税

美国的失业保险税分为联邦失业保险和州失业保险。在联邦层面，失业保险税主要是联邦政府为了对各州或地方举办失业保险提供一定的补助而课征的，它的纳税义务人是一个财政年度的20天内雇佣一人及以上、或每季支付工资1500美元以上的雇主，按其支付给雇员的工资总额计征（无费用扣除），雇员则不需要缴纳。联邦失业保险税一般采取统一税率，2018年，联邦政府要求员工收入达到7000美元的雇主，支付6%的失业保险税。雇主在计算缴纳联邦失业保险税时，可以扣除各州缴纳的失业保险税，各州的失业保险税征收比例各不相同，且根据各企业离职人数实施浮动性税率，联邦政府允许州政府征收的上限为5.4%，如果将扣除部分计入联邦失业保险税，则联邦失业保险实际税率就只有0.6%。失业保险税一般按年度

① 丁芸，胥力伟. 美国社会保障税及对我国的启示［J］. 国际税收，2014（12）：18-22.

② 资料参考：OECD. Taxing Wages 2019［EB/OL］. DOI：https://doi. org/10. 1787/tax_wages-2019-en

申报，申报截止时间为次年 1 月 31 日。同时，州政府除了失业保险税之外，大多数地区还开征事故伤残税（工伤保险），其税率一般不超过 2%，也制定了最高限额。

3. 铁路职工保险税

铁路职工在与其他职工同样缴纳工资税的同时，还需要单独缴纳铁路工人退职税，它是专门针对铁路公司员工设计的保险税，由铁路退休委员会（RRB）进行管理。铁路职工保险税的纳税人为雇员和雇主，其税基为雇员工资，并规定了应税收入的最高限额，限额以上不征税。铁路职工失业保险的税率不同于其他行业，由政府单独规定。

4. 自营人员保险税

自营人员保险税是为个体业主（医生除外）的老年、遗属、伤残及医疗保险而课征的，纳税人为单独从事经营活动的个体业主，征税对象是个体业主的纯收入。自营人员保险税的起征点是 400 美元，养老保险税的缴税率为 12.4%，医疗保险则需缴纳 2.9%。自营人员保险税与个人所得税实行联合申报的办法，具体纳税过程和方法与个人所得税基本一致。

（二）社会保障税的纳税申报

纳税申报是税收征管的起点和基础，有利于联邦税务局开展有针对性的业务联系，精简处理纳税人数据和税收业务的流程，从而能够及时、准确地解决纳税人的涉税问题。因此，在美国，每一个纳税人在纳税申报表上都有一个身份识别号码，不同种类的纳税人拥有不同的纳税人识别号码（the taxpayer identification Number，TIN）。这些识别号码主要包括社会保障号码（SSN）、个人纳税人识别号（ITIN）、雇主识别号（EIN）三种，此外，还包括收养子女临时纳税识别号（ATIN）和税务代理人纳税识别号（PTIN）。由于美国国家税务局（IRS）无法处理没有社会保障号码或税务登记号的退税及支付事宜，所以，美国《国内收入法》规定，每个纳税人在处理涉及联邦税收事宜时，必须使用社会保障号码或者税务登记号。在美国，获取申请社会保障号遵循自愿原则，大多数父母也都会为他们需要抚养的子女申请社会保障号①。公司、合伙企业、信托机构、遗产和免税组织的识别号码，通常为该组织雇主的识别号码，它也是与劳工赔偿委员会沟通相关事宜的主要依据。公司成立时，可通过免费电话、传真、邮寄、线上申请或代理申请等五种方式申请雇主识别号②。

美国报税时间一般为每年的 1 月 1 日至 4 月 15 日，在合理原因下，可申请延长报税期限，得到批准后可延长至 9 月 15 日。企业可根据其自身的情况选择各自的纳税年度，即纳税的起讫日期，但纳税时间一经确定，就不得随意改变。企业既可以自行报税，也可雇用专业报税公司报税，向税务局提交财务税收报告。由于报税程序和法律规定比较繁杂，企业通常会雇佣注册会计师制作财税报表或代理报税。报税时，需要提供雇主识别号和财税报告，并填写报税表，不同类型企业填写的申报表不尽同，享受不同的税收政策。企业预估税、自雇税和就业税所提交的表格也有所差异。对于个人纳税人而言，报税表上所列的代码通常是自己的社会保障码，没有社会保障码或没有资格取得社会保障码的外国居民，可以用个人纳税人识别号报税。纳税人在填写好上年申报表，计算出应纳税额后，既可以通过专门邮件报税，还可以采用电话方式申报纳税，整个报税过程只需大约10 分钟。

美国的社会保障税实行申报制和代扣制相结合的办法。具体地，要求雇主和自雇人员各自承担的社会保障税，由雇主或自雇者自行申报、直接缴纳；雇员应纳税额由雇主在发放工薪时从工资收入中代扣代缴。政府推出了个人和企业在线缴纳联邦税款的服务，纳税人可以通过联邦电子纳税系统（EFTPS-Online）就可以了解纳税申报信息、办理纳税手续和查看历史记录，有利于纳税人摆脱大量纳税申报事宜的烦扰，节省报税时间。

（三）社会保障税的征收管理与服务

美国的社会保障税是联邦、州和地方政府的共享税，以联邦政府为主要征收主体，州和地方政府进行辅助征收。社会保障税的征收管理工作在

---

① 资料参考：美国社会安全管理局官网，Social Security Number For Children ［EB/OL］，http://www.ssa.gov/pubs/10023.html.

② 袁冰. 美国税收战略管理及启示——以美国联邦税务局税收战略规划为例［D］. 西南财经大学，2013.

财政部长的领导下，由美国联邦税务局负责，收入纳入政府预算，并上缴至财政部特定的信托账户，形成社会保障信托基金。各项社会保障支出则由社会保障署（Social Security Administration，SSA）提出预算并经国会批准后，从信托基金中给付①。联邦税务局负责国内税收稽征、国内收入法案执行，并负责对全国税收工作给予指导，社会保障税的实际征收工作则是由分布在全国的7个大区税务局负责，大区税务局有权对征管中的问题做出决定。大区局下设若干区局，直接进行社会保障税的征纳管理工作。由于美国实行以个人申报缴纳为主的个人所得税和雇主代扣代缴为主的社会保障税制，所以，各个地区、局及其以下税务部门的日常业务工作主要是审查纳税申报表。但是，为了提高税收征收效率，美国税法赋予税务机关在征收社会保障税方面较大的强制执行权。

美国联邦税务局的宗旨是为纳税人提供方便优质的服务，在税法设计中全面地考虑所有纳税人，并帮助纳税人了解和履行应有的纳税义务或责任。在税收制度不断完善发展的过程中，联邦税务局的纳税服务也逐渐提升，面向全社会，服务的内容全方位，提供多渠道、多元化、全程化服务，并与信息时代电子化、网络化相契合。在机构设置上，美国联邦税务局有所创新，即根据纳税人的类型和规模，而不是按区域或税种设置具体的业务部门，具体包括小企业与自雇业主局、大中型企业局、工资与投资收益局、免税单位与政府单位局，按照"以服务纳税人为中心"的原则，按照区域建立派出机构，并建立了纳税服务监督机制。为了方便民众了解税务信息，税务部门每年还通过有线电视网或公共电视频道定期播出税务政策节目，或者制作和发行各种有关税务宣传的录像带。对无力承担税务咨询费的低收入者或难以获得信息的老年人等弱势人群，美国还设立了由政府资助的税收志愿者组织，为他们提供免费的税收咨询。当纳税人对税法的理解与税务部门意见不一致，或对税务部门的处理决定不服时，可以在向法院起诉前，先向税务行政机关提出申诉并要求复议，或向专门的税务法庭或税务法院申诉。联邦税务局还在每个州至少设有一名独立于地方税务

---

① 丁芸，胥力伟. 美国社会保障税及其对我国的启示 [J]. 国际税收，2014（12）：18-22.

局之外的纳税人辩护律师，可以快速、公平地帮助纳税人处理那些正常渠道未能解决的纳税问题，并找出问题的原因，提交管理层或提交税法修改建议①。

　　美国的社会保障由政府的多个机构负责管理，主要如美国社会保障署、劳工部、人类健康与社会服务部，各个险种有不同的管理主体。根据美国《社会保障法案》，雇主、雇员和自雇者将社会保障税缴纳给国家税务局后实施单独管理，并按照规定的比例分别记入不同社保项目的账户，形成信托基金，各信托基金的资金账户开设在财政部；作为专用账户，信托基金账户由联邦社会保障信托基金托管委员会来具体管理、监督和投资。如图5-7所示，美国的老年、遗属和残疾人保险缴税由国家税务局收取后转入社会保障总署，然后交由联邦老年、遗属和残疾人保险信托基金进行管理。联邦社会保障总署是美国联邦政府机构，负责参保者的注册手续和待遇支付工作，联邦社会保障署在全美设有10个区域办公室，每个区域办公室通过设置基层办公室负责所辖区域的具体业务工作。

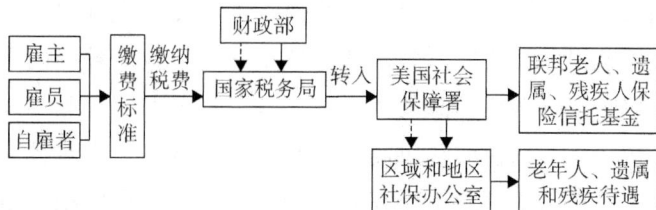

图5-7　美国养老保险征缴体系

　　注：横向箭头表示资金流向，纵向箭头表示隶属关系，虚线箭头表示监督关系。

　　资料参考：①周弘. 125国（地区）社会保障资金流程图［M］. 北京：中国劳动社会保障出版社，2011. ②周弘. 50国（地区）社会保障机构图解［M］. 北京：中国劳动社会保障出版社，2011.

　　美国医疗保险的管理主体有所不同。如图5-8所示，医疗保险在雇主、雇员和自雇者将税收缴付至国家税务局后，由国家税务局转入医疗保险和医疗救助服务中心（CMS），并与联邦和州的其他税收一起用于医疗保险。具体的待遇支付主要由区域和地区办公室执行。州政府开展的失业保险和

---

　　①　张俊. 税收遵从分析—试论构建新型税收服务体系［D］. 南昌大学，2007.

工伤保险项目分别由州劳工局、就业局和州工伤保险管理机构具体管理和执行待遇支付。

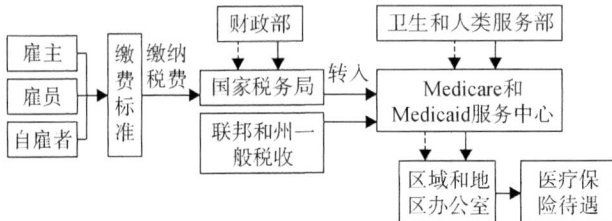

图 5-8　美国医疗保险征缴体系

注：横向箭头表示资金流向，纵向箭头表示隶属关系，虚线箭头表示监督关系。

资料参考：①周弘. 125 国（地区）社会保障资金流程图［M］. 北京：中国劳动社会保障出版社，2011. ②周弘. 50 国（地区）社会保障机构图解［M］. 北京：中国劳动社会保障出版社，2011.

（四）社会保障税的稽查

美国引入了税收风险防范理念，使税务部门在加强税源监控、防止税款流失等方面取得显著成效。美国法律明确规定，政府各部门和商业机构负有向税务机关提供涉税信息的责任和义务，税务部门以此构建现代化的信息管税系统，在为纳税人提供高效纳税服务的同时，也对社会保障税等税源实施有效监控与管理，征收率高达 80% 以上。为了确保征税的准确性，美国建立了税收审查制度，由税务局复查或抽查个人和单位的纳税信息。通过随机选择或电脑筛选的方式，税务局审查委员会选出检查对象，指派经验丰富的检查小组。他们将以邮件方式通知被查对象，并告知税收检查的相关事项，然后通过邮寄或亲自访谈的方式审查财务记录。其中，邮件方式要求纳税人提供纳税申报表以外的信息，访谈检查地点可以是营业地点、税局办公室，也可以是会计师办公室或纳税人家中。在检查过程中，税务局往往提前以书面形式列出需要审查的记录清单，一般情况下审查最近三年的纳税申报表。因此，法律要求纳税人至少要保留三年的纳税记录，如果出现重大问题，还会要求增加审查年份。纳税检查时间长短通常取决于查税类型、问题复杂程度以及材料或信息的可获得性等因素。

由于美国社会保障体系的复杂性，税收欺诈的行为仍然时有发生。为此，社会保障管理局建立了专门的调查单位，以打击和防止税收欺诈行为，在调查过程中，社会保障局可以请求其他联邦执法机构（如监察长办公室和FBI）提供帮助。对于已经定案的逃税行为，联邦税务局拥有强制执行权。在美国，税务机关对负有完全纳税义务人的财产进行查封和扣押时，无须经过司法机关授权或批准，即可对自己做出的行政决定实行强制执行，只有税务机关向法院申请执行时，司法执行程序才会启动①。与此同时，联邦税务局将给纳税人提供各种机会，促使纳税人主动履行纳税义务，只有当这些手段都无效时，才能启动强制执行程序。

在社保基金的监管方面，早在1994年美国就成立了专门的、独立于行政部门、跨党派的"社会保障顾问委员会"，负责向国会、总统和社会保障署署长提供有关社会保障的战略计划和政策建议，对社会保障基金进行整体上的评估、咨询和监督，确保联邦社会保障基金监管不受党派利益的影响。"联邦社会保障信托基金托管委员会"和"社会保障顾问委员会"聚集了大量的社会保障专家、精算师及社会学家，他们的参与和建议使得这两个机构在对联邦社会保障基金进行监管、评估以及分配时更具有科学性。

四、澳大利亚的社会保障税费征管制度

自1908年第一部《养老和残疾人保障法》出台至今，澳大利亚已颁布了30多部社会保障相关法律，形成了独具特色的三层次保障体系。第一，社会救助制度。主要面向老年人、残疾人、失业者、抚养儿童的家庭、长期患病者和退伍老兵等各类经济困难群体，为他们提供基本的生活补助、医疗救助和就业服务，为遭受意外和自然灾害的家庭提供各种物质帮助、心理疏导和精神抚慰服务等②。社会救助制度的特点是，需要经过家庭经济状况调查（means-tested）才有享受救助的资格，充分发挥社会"安全网"的作用；第二，社会保险制度。通过雇主和雇员缴费进行社会化筹资，并且按照保险精算原理计算保险收益；第三，社会福利制度。其特点是个人不需要缴费，且免于家庭经济状况调查相关程序，纳入覆盖范围内的所有

---

① 王荣. 税收行政强制执行研究 [D]. 中国政法大学, 2009.

② 廖彦. 澳大利亚的社会保障制度及其启示 [N]. 中国社会报, 2018-08-06 (007).

人群均可享受福利，主要福利项目包括医疗和药物福利计划、家庭津贴等。综合而言，澳大利亚社会保障的突出特点是，非缴费型的家计调查类保障项目占主导，缴费型社会保险项目有限，后者主要包括强制性养老保险、医疗保险和工伤保险。

（一）社会保险税的纳税人和征收标准

按照社保覆盖项目看，澳大利亚三层次社会保障体系包括了养老、医疗、工伤、失业和家庭津贴五个部分，各项目的筹资来源有所不同，主要是雇主、雇员、自雇者及政府四个主体，其中雇员承担有限责任，雇主和政府承担主要的筹资职责。

在养老保障方面，社会救助型养老保障制度覆盖了满足居住年限和年龄要求的所有居民，其资金主要来源于一般税收；强制性职业养老保险（又称超级年金）的参保对象是 17—70 岁之间、每月收入超过 450 澳元的雇员和自雇者。根据社会保险政策规定，职业养老保险通过强制性雇主与自雇者缴税和雇员自愿性缴费的方式筹集资金。雇主缴款包括三部分：一是补充养老保险缴税，即雇主缴纳或其他人代雇主缴纳的金额[①]；二是养老金亏空保证费，即在雇主没有按时缴纳养老保险的情况下，由澳大利亚税务局（ATO）征收，再由税务当局将这部分资金转入养老保险基金[②]；三是与奖励有关的缴费，即企业与行业协会签订的协议中规定要由雇主为雇员缴纳的费用[③]。2013 年，职业养老保险对雇主征缴的税率为 9%，之后每年按一定比例增长，2019 年税率达到 12%，雇主缴款部分实行税收减免政策。同时，政府鼓励雇员和自雇者自愿性缴费，并以相应的税收政策进行激励，个人每自愿缴费 1 澳元，政府补贴 0.5 澳元，每年最高补贴可达 500 澳元。

在医疗保障方面，澳大利亚按照医疗服务的内容将其划分为疾病现金待遇（Cash sickness benefits）、药物现金待遇（Cash pharmaceutical benefits）和医疗待遇（Medical benefits）三种。疾病现金待遇主要面向学生、雇员及其配偶和未成年子女，其资金主要来源于政府一般税收；药物现金待遇覆

---

① 占茂华. 澳大利亚社会保障法律制度 [J]. 商场现代化，2005（21）：228-229.

② 孔娟. 澳大利亚的社会福利 [J]. 社会福利，2003（5）：59-62.

③ 李晓卉. 澳大利亚养老保障制度研究 [D]. 武汉科技大学，2009.

盖雇员、自雇者、低收入人群及其家属，其资金也来源于一般税收；医疗待遇主要面向雇主和自雇者，是真正意义上的医疗保险制度，参保人员的配偶和未成年子女也可享受医疗待遇。医疗待遇通过对雇员和自雇者征缴工资税的形式筹集资金，其税率为 1.5%，用于计算征税的最高收入为 8.4 万澳元（单身人士）和 16.8 万澳元（夫妻或家庭），每个家庭增加一个需要抚养的子女则要增加缴费，没有购买私人医疗保险的家庭其收入超过征缴限额时需加收 1% 的附加费，少数特殊人群如退伍军人和有家属的军人免征医疗保险税，雇主不需要缴纳医疗保险税，政府对医疗保险提供必要的补贴。

工伤保险覆盖所有在澳大利亚工作的人，其资金主要通过雇主、自雇者和政府（为公共部门的雇员投保）按照职业风险的差异进行缴费。失业保险和家庭津贴由政府一般税收提供资金支持。

（二）社会保险税的申报

澳大利亚以每年 7 月 1 日至次年 6 月 30 日为一个财政年，每年 7 月 1 日至 10 月 31 日是法定报税季。个人自主报税必须在 10 月 31 日前完成，如果个人委托会计师报税，时间最晚可以延长至次年 3 月 31 日，在此期间个人必须向税务局申报上一财年的个人所得税。企业一般需要交纳公司所得税、工资税、商品服务税及养老保险税，年营业额在 2000 万澳元以下的企业每个季度需向澳大利亚税务局申报纳税，报税时间为一个季度结束之后下个月的 28 日之前；大型企业则需每个月报税一次。年度报税时间为每年 10 月 28 日之前，如果企业选择由税务代理机构报税，则报税时间可以顺延一个月左右。养老保险税由企业缴纳，存入员工养老金账户。

澳大利亚纳税申报渠道包括网上在线申报或邮寄方式报税。企业报税可直接向税务机关寄送申请材料，也可通过专业的会计师报税。因澳大利亚税法较为复杂，多数企业会雇佣会计师事务所办理纳税事务，企业只需将所有账务凭证交给会计师事务所，由该事务所按照法律规定核算企业所需缴纳的税金及应退金额，并反馈给纳税企业，企业只需将税款通过银行转入税务局指定账户即可。少数小企业因账务往来较为简单，可通过澳大利亚税务局网站在线报税。同时，因联邦与州之间征税权限不同，属于各州权限内的纳税方式也有所不同。根据会计师税务所的信息，企业报税一般需要准备的资料包括商品服务税（GST）、工资税、企业所得税以及养老保险税等相关单据。

近年来，澳大利亚税务局提倡网上申报纳税，不仅方便、快捷、安全，还免去了企业递交商业运营表和保存交易记录的麻烦。纳税人向澳大利亚税务局报税时必须提供专属的税号——纳税人识别号，并填写相关的纳税申报表。纳税人识别号即税收档案号（TFN），是一组9位数的编码，该号码一经确定终身不变，所有澳大利亚公民及在澳工作的自然人，在就业或填报纳税申报单时，必须到澳大利亚税务局申请或通过ATO的网站登记等方式获取TFN。雇主或养老保险机构会要求雇员在《就业声明》表格内注明TFN，以确保按正确比例代扣税款。个人在享受教育、医疗、失业、生育等政府福利时也必须提供TFN，相应地，各类政府组织凭借TFN区分自然人个人是否可以从该机构中获取福利[①]。纳税申报表由填报者通过自我审查并对填报内容的真实性负责，而税务办公室有权对申报表上的应税收入进行审查，如果税务办公室确认所申报应税额与应依法缴纳的税款不符时，可予以修改。纳税人对税务机关的审查结果不满，也可提出异议甚至上诉。

（三）社会保险税的征收管理

澳大利亚是一个实行分税制的国家，分为中央税收和地方税收，主体税种为直接税。联邦政府征收的税种主要包括个人所得税、企业所得税、销售税、福利保险税、关税、消费税、银行账户借方税、培养保证金等；州政府征收的税目主要有工资税、印花税、金融机构税、土地税、债务税以及某些商业交易税等。澳大利亚税务局为税收征收机构，征管体制和流程扁平化、简明化、征管机构单一、分类管理，无论是联邦政府还是州、地政府，都只设一个税务局，所有联邦税收皆由ATO直接征收，在州、地两级不再设立分支机构。ATO总部设在首都堪培拉，在局长这一职位下设置了纳税人遵从管理、人力财力及技术保障、政策及法制监督三个系列总共23个部门。其中，9个面向纳税遵从管理部门的机构是基于征管流程和不同纳税人类型设立的。在信息技术支持下，ATO实行了办税场所高度集中化、纳税申报电子化和信息处理集中化，全国设立了24个办税场所，主要集中在

① 王晔. 澳大利亚：加强个人所得税征管［N］. 经济日报，2005-09-29.

经济发达、纳税人稠密、议员较多的地区，在交通不便的边远地区也设立了少量的办税场所①。纳税人可以向其中任何一个办税场所申报纳税，税款可采用网上支付、邮寄支付、邮局支付、转账、信用卡等多种形式进行支付。

无论是通过雇主和雇员缴税的社会保险项目，还是通过一般性税收提供资金支持的保障项目，澳大利亚社会保障资金的征收主体是税务局，但不同保障项目的登记、待遇发放、投资运营等其他经办管理主体则存在差异。如图5-9所示，养老保险、疾病现金待遇、失业保险和家庭津贴制度管理的核心机构是家庭、社区服务和本土事务部。税务局征收雇主、雇员和自雇者所应缴纳的社会保险税款，然后根据不同险种的需要将资金转入家庭、社区服务、本土事务部进行管理，再通过地方社保机构负责具体政策的实施。其他保障项目如医疗待遇和药物现金待遇主要由健康老年部负责经办管理，工伤保险主要由劳工赔偿委员会和职业安全康复赔偿委员会进行待遇审核与发放，家庭、社区服务、本土事务部在这些项目中起监督作用。

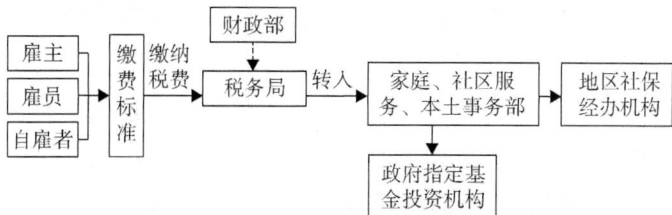

图5-9　澳大利亚社会保险管理机构

注：横向箭头表示资金流向，纵向箭头表示隶属关系，虚线箭头表示监督关系。

资料参考：①周弘. 125国（地区）社会保障资金流程图［M］. 北京：中国劳动社会保障出版社，2011. ②周弘. 50国（地区）社会保障机构图解［M］. 北京：中国劳动社会保障出版社，2011.

澳大利亚还设立了监督机构，通过非现场监管和现场监管两种方式对养老保险等项目的投资进行监管，前者要求职业养老基金定期向监管部门提供财务报告，后者直接派出监管人员对基金进行监督。以强制性养老保险为例，政府建了澳大利亚审慎监管局（APRA）、澳大利亚证券和投资委

---

① 隋焕新. 澳大利亚税收征管制度及信息化建设的启示与借鉴［J］. 税收经济研究，2014，19（01）：9-20.

员会（ASIC）和澳大利亚税务局（ATO）三个监管机构对职业养老金制度进行监管，三个部门之间相互合作，成为养老保障项目的监管主体。其中，ATO负责税法的实施，对雇主和基金进行定期的有目的地核查，监督雇主按规定为雇员缴费，对雇主逃费行为给予处罚，确保养老保险运营遵循各项规章制度。此外，竞争与消费者委员会（ACCC）、澳大利亚职业养老金协会（ACSA）等其他机构与这三大部门一起，分工合作，密切配合，共同保证职业养老金基金的有效运转①。

（四）税收稽查制度

澳大利亚税务局将管理纳税遵从风险的核心策略定义为"培育自愿参与"，他们把多数征税对象视为"愿意做正确事情的人"，试图创造一个有利于高水平、自愿参与的环境，在提醒人们不要忽略缴税义务的同时采取措施处理那些不遵从的人。ATO还与社会各主体合作设计税收体系，使其更容易遵从，力求成本最低。因此，澳大利亚没有设置或安排专门的工作人员对纳税人按户按人进行固定管理。税收征管的主要手段是有效地采集和应用涉税信息，税务机关与政府有关部门如财政、海关、金融、保险、法庭、行政裁判及大企业实现了互联，可以随时调阅所需资料，为全面评估和有针对性地开展审计奠定了基础。澳大利亚国内相关法规明确规定，雇主必须在规定的时间范围内向税务机关提供支付雇工工资的情况，社会福利部门向税务机关提供发放社会福利金的信息。税务机构对于没有依法及时提供信息的企业或单位会给予警告、罚款等处理。与此同时，完善的社会信用体系为税务部门高效征管提供了有利条件。为了进一步强化纳税人遵从，澳大利亚税务机关与社会信用机构进行协作，将纳税风险管理库中纳税人违反税法的不良记录提供给社会征信机构，借助覆盖广泛的社会信用体系约束纳税人行为，实施有效征管。缺乏纳税信用记录或信用历史差的企业很难在业界生存，有逃税未缴记录或其他严重违反税法记录的，不可能再有机会新开公司；信用记录差的个人则在消费、求职等方面会受到很大制约。

如前所述，澳大利亚社会保障项目以救助类和福利类居多，这些项目

---

① 李晓卉. 澳大利亚养老保障制度研究［D］. 武汉科技大学，2009.

并非以缴费为待遇享受条件，而是以一般税收作为筹资的主要来源，在待遇发放前需要进行广泛的家计调查（means-test）以确定保障的对象。家庭经济状况调查又称收入与资产审查制度，当社会成员提出社会保障待遇申请时，作为收入与资产审查机构的中央福利署将会对其家庭经济状况如收入进行调查、评估与核实，判断该对象是否具有获得相应待遇的资格以及可以获得待遇的水平。调查中的收入是指可以供申请者自己使用和支配的、通过劳动或者其他服务赚到的收益金额，资产审查的资产是指申请者拥有的包括外国资产以及债权在内的全部或部分财产①。澳大利亚中央福利署由联邦政府直接领导，并与银行、税务、财政等相关部门实现后台信息联网，通过信息共享与部门协作，进一步保障审查结果的真实性和权威性。

第三节　第三方机构征管模式——以新加坡为例

1953 年，新加坡通过了《中央公积金法》，建立起集中化管理和强制性程度非常高的中央公积金制（Central Provident Fund，CPF），目的是为退休雇员提供经济保障。随着经济社会的发展，公积金制不断加入住房储蓄、医疗储蓄等多项内容，目前，它为新加坡国民提供多种保障，也成为新加坡治国安邦之举②。中央公积金制度是一种由政府通过立法强制个人将其工资收入的一部分储蓄起来，为养老、医疗或其他重大经济需求预先储备资金，采取完全积累模式的社会保险制度，其实质是一项长期储蓄计划，是政府干预经济的重要体现，其保障的对象是新加坡公民或永久居住的人口。新加坡政府对社会具有较强的控制力，通过强制性保证雇主和雇员按时并足额缴纳公积金，这是其能够实行公积金制度重要原因，而政府对公积金账户的补贴较少，因而，新加坡政府在社会福利方面的开支大大减少。

新加坡国民上缴的公积金不仅是社会保障的资金来源，也是国家基础设施建设和投资的重要来源，对减轻国家财政负担发挥了重要作用。换言

---

① 杨翠迎. 澳大利亚社会救助体系是如何建设的［N］. 中国社会报，2013-10-21（004）.

② 胡艳，徐勇. 新加坡的公积金制度及其启示［J］. 武汉理工大学学报（信息与管理工程版）. 2001（03）：76-78.

之，公积金账户并不单纯地执行储蓄的功能，还具备经济效用，政府对用于投资的资金给予一定的利息（根据最新的规定，对普通账户资金支付2.5%的利息，对特别和保健账户支付4%的利息[①]）。为了能够对所缴纳的资金进行系统管理和使用，新加坡政府成立了公积金局，对中央公积金所有投资计划进行高度控制，以保证资金增值和制度的持续稳定发展。到目前为止，新加坡政府对公积金的使用范围进行了多次修改和拓展，覆盖范围扩展到所有公共部门和私人部门的职工，自雇者可自愿参加。

一、中央公积金账户的组成与征收标准

新加坡的公积金实行个人账户管理制，即对每个雇员设立公积金账户进行储蓄，并对参与公积金储蓄的个人实行会员制管理。中央公积金账户实行专户专储，缴纳金额具有灵活性并随着收入的变化或家庭经济状况进行调整，存款的利益也进入储蓄账户，公积金部分实行免税政策，账户可以依法继承，政府通过中央公积金法规范和保护雇员的保障利益。个人账户根据其用途划分了四类：第一，用于日常需要的普通账户（Ordinary Account，OA），该账户可用于购房（最高可提取金额由所购买房屋的价格、使用年限及购买者的年龄决定）、偿付本人及子女教育贷款、购买政府或私营企业股票和债券、购买人寿保险，甚至可以将普通账户存款转拨至父母或配偶的退休账户，普通账户存款占到公积金总额的72.5%；第二，用作养老金或完全丧失工作能力时生活保障以及特殊情况下的应急支出的特别账户（Special Account，SA），该账户占公积金总额的10%，当该账户的资金超过4万新元时，可将盈余部分提取用于政府批准的投资；第三，用作公积金成员及其家人医疗住院费用的保健储蓄账户和满足大病治疗支出需要的"保健双全计划"和"增值保健双全计划"（Medisave Account，MA）。医疗账户可支付医院的病床费、门诊费、手术费治疗费及获得批准的医院保健费和产假福利，该账户占公积金总额的17.5%。医疗账户每天最多可支付450新币，账户积累的最高上限为45500新币，如果医疗账户金额达到

---

① 吉思. 新加坡中央公积金制度对我国社会保障的启示 [J]. 劳动保障世界，2017 (11)：29.

上限，每月应转入医疗账户的金额会自动转入特别账户以供养老需要；医疗账户下限为 43500 新币，当其账户不足下限金额时，将无法从医疗户头提取任何金额用于医疗方面开销；第四，当参与公积金的人员年满 55 岁时，普通账户和特别账户转换为退休账户（Retirement Account，RA），此时的个人账户就由退休账户和保健储蓄账户两个账户组成。

公积金账户的资金包括居民为自己存入的金额、雇主为员工支付的金额和获得的利息。新加坡政府根据经济、社会、人口等发展趋势调节公积金的筹集总量和增长速度，并按会员的不同需要分配基金的用途。中央公积金的积累比例相对较高，从具体数据看，2013 年中央公积金总额为 2000 亿美元，而 2012 年新加坡的国民生产总值是 2700 亿美元，也就是说 2013 年中央公积金总值占其前一年 GDP 的 74%[①]。在上缴比例方面，根据最新规定，月收入超过 500 新元以上（低于 500 新元者不需要缴费）、55 岁以下的员工个人需要缴纳社会保险费，收入在 500—1500 新元的雇员按固定金额缴纳，其他人口需缴纳本人月工资的 20%，收入超过 5500 新元的部分不需要缴费，政府针对不同年龄的雇员制定了不同的缴费率，随着雇员年龄增长，公积金的缴费率相应降低；对雇主而言，无论是公司的正式员工还是兼职员工，只要其身份是新加坡公民和永久居民，雇主就必须按规定为员工缴纳公积金，缴纳比例为员工工资的 16%，也就是说，每个月存入中央公积金账户的总额占该员工月收入的 36% 左右；除了强制规定的缴费比例外，雇主和雇员可自行决定增加缴费，但每年全部缴费额度不超过 3.06 万新元。新加坡的自雇者也需要为公积金缴费，其中，年净收入在 6000—60000 新元的自雇者强制参加医疗储蓄账户，其缴费比例根据年龄不同而存在差异，一般为收入的 2.38%—9%，自雇者也可自愿选择参加其他保障项目。公积金缴费率根据国家经济发展情况不断调整，公积金制度将个人努力程度和公积金存款数额以及能够获得的社会保障待遇紧密联系在一起，极大地激励了人们自立自强、勤奋工作，为自己和家人创造丰衣足食生活

---

① 张怡姐. 新加坡与中国：公积金制度的沿袭与对比 [J]. 金融博览，2014，000 (022)：42-44.

的国民意识①。

二、新加坡的主要保险项目

新加坡公积金四个账户基本覆盖了新加坡人口的养老、医疗、工伤、生育、住房等需求，即各项社会保险项目。中央公积金局对各个险种的投保对象、保费缴纳的额度及上下限、应缴纳的期限、退休提取账户资金的条件等都有比较明确的规定，各个账户依据各自的标准进行筹资、管理和操作。

新加坡养老保险由雇主和雇员分别按一定比例为雇员存储，当公积金会员年龄达到 55 岁并且退休账户达到最低存款额这两个要求后，可一次性提取公积金。在年龄方面，新加坡政府鼓励身体健康的雇员推迟退休年龄而继续工作，从而增加公积金账户存储额，未来 10 年新加坡将逐步提高退休年龄，预计 2022 年从 62 岁提高到 63 岁、2030 年提高到 65 岁；"最低存款计划"则是为了避免公积金账户过多地用于医疗、教育、住房等支出，从而规定退休提取公积金时其账户必须保留一笔存款。同时，中央公积金局还推出了"最低存款填补计划"，如果公积金会员账户存储的最低金额没有达到政策规定的数额时，可以通过三种方式解决，即补缴现金以填补差额的部分，或是推迟退休继续缴纳公积金以增加储蓄额度，从配偶或子女的公积金账户转拨相应的资金填补。对于残疾或永久离开新加坡的会员而言，其账户存款可以提取，而在规定年龄前去世的会员其账户可以依法继承。除了按规定支付会员的退休提款外，中央公积金结余部分可以通过国债转化用于改善公民住房及其他的公益事业。

新加坡建立了"三层次"的医疗保险"安全网"，包括"保健储蓄计划"（Medisave）、"健保双全计划"（Medisheild）和"保健基金计划"（Medifund），又称为"3M"计划。1984 年 4 月，公积金局首先推出了"保健储蓄计划"，要求参保者将部分资金存入该账户，且从业者年龄越大则存储的比例越高，但为了避免资金积累过多而规定了最高缴纳额度，该账户

---

① 刘翠霄. 对独树一帜且难以复制的新加坡社会保障制度的几点思考［J］. 温州大学学报（社会科学版），2018（4）：3-9.

的资金主要用于支付公立医院和获准的私人医院的住院费和某些门诊费，且该账户可以供参保人的直系亲属（如配偶、子女、父母等）使用。"保健储蓄计划"作为基本的保障项目，主要覆盖居民的一般性医疗费用，难以保障患重病、慢性病或长期住院等金额较大的医疗支出。为了缓解大额医疗支出带来的经济困难，1990 年 7 月，中央公积金局又推出了大病保险项目即"健保双全计划"，目的是帮助参保者支付大病、慢性病或长期住院的医疗费用，除了明确提出不参加的会员外，75 岁以下的保健储蓄计划参与者都自动被纳入该项目，并直接从保健储蓄账户扣缴相应的费用，简化了参保程序并节省了管理费用。此外，1993 年 4 月，新加坡政府还建立了由政府拨款的"医疗保健基金计划"，以援助在"保健储蓄计划"和"健保双全计划"外仍无法支付医药费用的贫病者，实际上是对他们实施的医疗救济[①]。

新加坡对工伤职工实行雇主责任补偿制，根据 1985 年颁布的《工人补偿法》（1990 年修订），工伤待遇按职工在遭受伤害前的基本收入的一定比例进行补偿，雇主可以直接给予补助，也可以向私营保险公司投保。同时，新加坡规定了严格的职业伤害评估与报告制度，对事故调查取证、受伤人员救治及职业伤害补偿待遇支付提供依据。

三、中央公积金的管理模式

新加坡人力部（MOM）是负责劳动力管理和制定相关政策并进行监督的部门，隶属于人力部的中央公积金局是新加坡各项社会保险项目和相关的基金账户统一管理主体。中央公积金局是半官方性质的法定机构，采用政府集权与现代公司结构相结合的手段介入社会保险事务，承担全面管理责任。中央公积金局实行董事会领导下的总经理负责制，下设财金委员会和规划决策委员会，依法独立工作。董事会由董事会主席、总经理和其他 10 名董事会成员组成（包括 2 名政府官员、2 名雇主代表、2 名雇员代表和

---

① 郭伟伟. 新加坡社会保障制度研究及启示 [J]. 当代世界与社会主义，2009(5)：76-81.

4 名有关专家），拥有决策权[①]；中央公积金局内设 6 个部门，即会员服务部、人事部、电脑部、雇主服务部、行政部、内部审计部，分别负责各项目和账户的制度管理、业务经办、日常事务和配套措施等。公积金局通过规范、高效、廉洁的行为方式建立与公民之间的信任感，其内部具有严格的操作规章，年行政费用控制在当年保健总额的 0.5%。中央公积金局对外具有权威性和强制执行权，对拖欠缴费的雇主规定了严格的处罚办法，如缴纳罚金、停止营业、移交法院判处 2 年有期徒刑或缴纳高达每日 1.5% 的滞纳金。公积金账户各项费用收支管理高度透明化，每年都要经过国家审计局审计并对外公开。

中央公积金局的主要业务包括征收费用、保存记录、支付收益和投资基金等。在征管方面，如图 5-10 所示，雇主、雇员和自雇者缴纳的公积金由中央公积金局征收，并存入公积金账户，然后划拨到四大账户，用于各项支出，其中人力部和卫生部发挥监督作用。此外，工伤保险筹资来源不同，主要由工伤补偿局进行管理。由于公积金的储蓄性较强，中央公积金局实施了一系列投资计划以促进公积金资产的保值增值，会员可以根据自己的公积金储蓄情况选择投资于各种类型的金融工具，包括股票、基金、政府债券、房地产、保险等，也可委托政府进行管理获取稳定的收益[②]。普通账户、特别账户和医疗账户的资金主要投向三个基金池：第一，中央公积金局直接运作的基金，投资于非交易型政府债券；第二，公积金会员个人自主投资，目的是分散投资风险，可投资于保险、信托基金（即基金）、股票、债券、黄金及其他产品；第三，保险基金，新加坡中央公积金包含住房保险、家属保险、大病保险等多个保险计划，保险计划基金的投资主要外包给资产管理公司[③]。中央公积金的行政管理与基金运营尚未分离，中央公积金做出投资决策，具体投资运营是由新加坡货币管理局（MAS）和

① 罗微. 基本养老保险个人账户基金管理运营浅析 [J]. 社会保障研究，2009 (05)：12-18.

② 郭伟伟. 新加坡社会保障管理体制及对中国改革的启示 [J]. 行政管理改革，2010 (7)：68-71.

③ 柏高原. 新加坡社会保险基金投资与监管制度的启示 [J]. 医学与社会，2011，24 (3)：73-76.

政府投资管理公司（GSIC）执行①。货币管理局负责中央公积金对国债和银行存款的投资管理，投资管理公司负责把积累的基金投资于国内的住房和基础设施建设等方面，也把大量资金投资于外国资产使其成为新加坡外汇储备的重要来源②。新加坡政府注重公积金投资安全，并以实际持有的资产储备作担保，保证公积金存款的良好信誉。

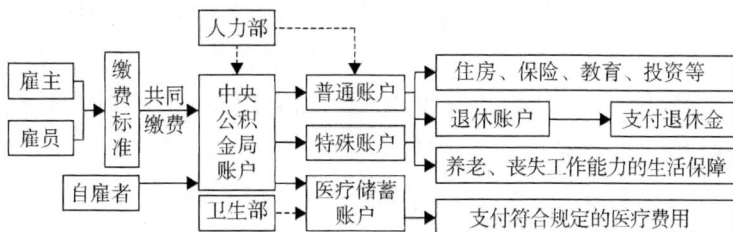

图 5-10　新加坡公积金账户征管体系

注：横向箭头表示资金流向，纵向箭头表示隶属关系，虚线箭头表示监督关系。

资料参考：①周弘. 125 国（地区）社会保障资金流程图［M］. 北京：中国劳动社会保障出版社，2011. ②周弘. 50 国（地区）社会保障机构图解［M］. 北京：中国劳动社会保障出版社，2011.

第四节　代表性国家社会保险税费征管的启示与借鉴

纵观世界主要经济体社会保险税费征管体制和样本国家社会保险税费征管制度，不难看出，各国的政治、经济和文化等发展背景不同，因而社会保险税费征收范围、征收标准、税费基数、管理机构也存在明显差异。但是，无论是采取社会保障机构征收还是税务部门征收，其核心的征管职责上基本相同，如注册登记、税费申报、档案建立、征收划转、数据管理、资金监管等。一国社会保险税费的顺利征收离不开现代化的管理水平和必要的硬件条件，离不开完善的法律体系和规范的征管程序，也需要社会成

① 周志凯. 新加坡中央公积金投资运营分析及对中国的启示［J］. 社会保障研究，2010（06）：107-111.

② 李珍，孙永勇. 新加坡中央公积金管理模式及其投资政策分析［J］. 东北财经大学学报，2004（4）：14-18.

员对政策的理解和支持。不同的社会保险税费征管模式各有其利弊，我们有必要总结归纳不同国家社会保险税费征管措施的经验，为我国社会保险费征管提供借鉴。

一、各国较早建立了社会保险法律法规

目前世界各国已建立起包含养老保险、医疗保险、工伤保险、失业保险和生育保险在内的社会保险体系，部分国家在此基础上还建立了家庭津贴、父母保险等其他制度，完备的保障体系是以相应的法律为依托和保障的。如现代社会保险制度的发源地——德国早在19世纪就颁布了《疾病保险法》《工伤事故保险法》和《养老和伤残保险法》；英国19世纪末20世纪相继对工伤保险、养老保险、医疗保险和失业保险等进行了立法；瑞典于1891、1901和1913年分别通过了疾病保险、工伤保障和养老保障等法案；美国也于1935年颁布第一部以"社会保障"命名的法律；澳大利亚颁布了30余部与社会保障相关的法律。这些国家在首次颁布相关法律后又陆陆续续进行了一系列修订和完善，并形成各自的社保法律体系。建立社会保险法律法规对规范社会保险参保、经办、征管等行为有重要意义，有助于明确参保方和保险人的权利和义务，有助于对违反法律规定的对象实施强制措施，也有助于维护社保领域的稳定、可持续发展。"有法可依"是社会保险税费征管顺利开展的前提，它将征管主体、程序、征收水平等要素通过强制性的法律确定下来，为征管过程提供了可靠的依据，这也是代表性国家较早建立社保制度并长期持续发展的重要保障。

二、各国社会保险有明确的课税对象和标准

从筹资来源看，无论是社会保障机构征收还是税务部门征收，代表性国家社会保险税费征收或缴纳的主体是雇主、雇员和自雇者，按照其收入的一定比例收缴，形成了PAYE制度体系，部分国家还建立针对灵活从业者的保险制度。大部分国家社会保险税费由雇主和雇员共同分担，雇员缴纳的部分由雇主从工资中代扣代缴；自雇者个人缴纳全部税费，其费率与雇员相比有所差异，政府给予必要的补贴；少数国家部分险种由雇主承担主要责任，如澳大利亚养老保险要求雇主强制缴税而个人自愿缴费，瑞典除

养老保险外其他险种雇员不需要缴纳。各国社会保险税费是以工薪收入为主要课税或缴费对象的，即按所得征税或缴费，多数国家按比例征收，部分国家定额征收。作为税基或缴费基数的工资薪金既包括由雇主支付的现金工资，也包括具有工资薪金性质的实物及其他等价物的收入，这也是部分国家把社会保险税称为工薪税的原因，但工薪税的税基一般不包括由雇主和雇员工资薪金以外的投资所得、资本利得等所得项目。各国对应税工资薪金规定了最高缴费限额或规定最高缴纳税费的额度，应税收入超过的部分不缴纳社会保险税，缴纳社会保险的收入部分可在缴纳所得税时予以扣除，降低税费负担。与此同时，不同社会保险项目其税费征收比例不同，基本规律是养老和医疗保险比例较高，其他险种较低，部分国家如英国还根据职业划分不同的征缴比例，美国还建立了针对铁路工人保障政策，这也与不同保险和不同人群的需求相关。各国社会保险政策对低收入者也给予了适当照顾，即低于一定收入水平的人口免缴或少缴社会保险税费。此外，社会保险税费征收后一般实行专款专用，基金的返还性较强。

三、样本国家社会保险税式征管程序完整

代表性国家社会保险税费征管流程采取了与所得税基本相同的征收办法，都包括纳税或费登记与申报、税费征收和税收检查几个环节，具有明显的税式征管特点。在纳税登记与申报环节中，雇主在注册公司或从事经营的一定时间内需要向税务部门进行税务登记，登记后的雇主需要按要求完成纳税申报过程。纳税人需要通过网上申请或填报纸质版表格，提交完整的收入信息、纳税申报表、财务报表和规定的其他材料，这种方式可以节省纳税人的申请时间，也可以减少税务部门的工作量，降低了征缴双方的成本。大部分国家纳税申报为一个财政年或一个季度申报一次，少数国家如瑞典开始实施按月度申报的方式，各国都规定了申报和征缴的起讫日期。为了申报和征管的便捷性，各国对纳税人建立了识别机制，如英国的国民保险号、美国和瑞典的纳税人识别号等，作为纳税申报和查询纳税信息的主要依据。值得借鉴的是，部分国家还建立起工资核算系统，通过工资单软件使雇主更方便、更准确地填报工资信息；部分税收体系相对比较复杂的国家还可委托第三方机构进行纳税申报，降低申报和征税的人力和

时间成本。

各国社会保险税费在具体征收时一般都是通过雇主代扣的方式，即在对雇员发放工资前事先扣除雇员应缴纳税费部分，但扣缴的部分需要在工资单中体现出来，以方便雇员核查；自雇者社会保险税费一般从个人工资或储蓄账户扣缴。管理部门对社会保险税费征缴时间做出了明确规定，超出限定时间未缴税款者将会被强制缴纳且支付滞纳金和税款的利息。征收机构收缴的社会保险税费一般会形成专项基金进行管理，积累性较强的基金还会通过专业的机构进行投资运营，财政部门对社会保险基金进行监管。在纳税申报和征缴过程中，主管部门会对社会保险税费进行检查监督，对申报的材料和缴纳的额度进行核对、稽查和数据分析，对纳税人经营、生活场所进行实地考察或抽查，核查其申报和缴款的真实性。若出现隐瞒真实信息、谎报税务信息者，主管部门也将给予严厉的处罚。

四、各国建立了较全面的社会保险税费征管服务体系

一方面，从"以纳税人为中心"的理念出发，各国建立起较为完善的信息系统和便捷的纳税申报系统。各类税费申报和缴纳是较为复杂繁琐的过程，为了更加方便快捷地进行征管，各国正在实现纳税服务的社会化、电子化、网络化发展，纳税申报可以通过网上系统、E-mail或打电话的形式完成，申报过程中还可通过各类软件和评估系统填报缴款信息，纳税人和管理者可以更方便地查看纳税信息、办理纳税手续和查看缴款记录。与此同时，不同部门如财政、银行、金融、海关、社会事务管理等相互间实现信息互联，促使管理部门多渠道了解缴款人信息。通过信息系统建设还有助于建立起民众的信用体系，方便征管部门对信用记录较差的个人或单位进行重点监管。

另一方面，各国加强对税务和征管的咨询服务，针对实际需求设立便捷的办事机构和流程。多数国家在发布政策文件的同时会通过网络、电视、研讨等方式对政策进行宣传，并通过各类社交平台接受民众的咨询，促进社会成员加强对政策的理解。在税务机构设置方面，为了满足不同类型和规模的纳税人需要，多国建立了针对行业、人员数量和地理分布的业务派出机构，对税收政策和征收过程进行指导和财会服务。当纳税人对税法的

理解出现偏差，或对税务部门的处理不服时，可向税务行政机关内部的受理单位提出申诉并要求复议，或向专门的税务法院申诉。

五、各国社会保险税费征管主体的制约平衡

在三种社会保险税费征收模式下，保障资金的收取、管理和支付主体形成了主体分离与监督制衡状态。在税务部门征收的国家中，税务机构负责登记、申报受理、征收和检查等主要职责，确保征收到位；财政部门主要负责基金的管理，一般实行专款专户、专用，并对税务部门进行必要的监管；社会保险经办管理部门负责除征收外的其他经办业务，在资金的使用方面向财政部门提出申请或预算，经财务或其他政府部门审批通过后支付。这种征管模式实现了收入和支出管理主体的分离，有利于相互独立和监督。以德国为代表的社会保险机构征收模式尽管没有税务部门参与，但其在征管上也采用了制约机制，即各类社会保险费都由医疗保险进行征收，然后再按项目划拨到各个保险账户。新加坡的第三方征收也形成了内部与外部监管制度，公积金中心内部实行公司化管理，其人员包括政府官员、雇主代表、雇员代表等，形成相互监督的格局；机构外部则由人力部、卫生部和财政部门发挥监督作用。

总之，不同征管模式各有其利弊，一个国家实行哪种社会保险税费征缴模式取决于其征缴的主要目标和基础条件的发展程度。无论是社会保障机构征收还是税务部门征收，都应该建立起明确的规章制度、规范的征收程序、有效的信息系统和良好的服务机制，才能在扩大参保范围的同时提高征收的效率和强化资金管理。

第六章　我国社保费征管体制改革的对策建议

从现有的政策规定和发展趋势看，中央政府试图加强社会保险费征管的一致性与规范性，提高征收效率，降低征管成本，进一步扩大社会保险覆盖范围，提升保障能力和保障水平。从社会保险机构征收与税务部门代征共存的局面转化为统一由税务部门征收，这要求我们结合社会环境、经济基础和我国社会保险发展现状，吸收国际经验，有针对性地提出对策建议。尽管"税"和"费"存在明显差异，但从代表性国家的征收可以看出，与大部分征收社会保险税的国家类似，我国社会保险费也是按照职工工资总额的一定比例由雇主发放工资前扣缴，在征收程序上具有共通性，因此，国外社会保险税费的征管对我国具有借鉴性。结合我国社会保险制度特点、征管制度建设的过程和现状，在征收机构整合的过程中需进一步完善社会保险费征管法律法规，科学制定征收的标准，从申报、征收、检查和服务等程序上完善征收过程，建立便捷的征缴系统，并加强不同部门间协调与沟通，促进征收主体顺利转变，实现参保群体"应保尽保、合理参保、便捷获保"。

第一节　完善社会保险费征收法律法规体系

我国"五大险种"的社保费过去由主管部门分别征收，存在"五龙治水"的现象，交由税务部门实行统一征收或全责征收，既是党中央、国务院加快推进国家治理现代化的一项重大举措，也是世界上许多国家尤其是一些经济发达国家的通常做法。如前所述，随着社会保险费征收主体的转变和社会保险制度的不断完善，现有的相关法律法规已不能适应变化了的征收制度，而国际经验显示，社保制度的发展应该以更加完善的法律法规为保障。为了促进我国社保费征收过程的合法性、规范性和有效性，有必要进一步完善社会保险费征收法律法规。首先，在社会保险管理中修订和完善《社会保险法》《社会保险费征缴条例》和《社会保险费申报缴纳规定》，建立清晰的社会保险经办规程，明确各个主体在社保经办中的主要职责，尤其是从程序上明确社会保险费征收主体及其责任义务，进一步强化参加社会保险的强制性，减少参保中的逆向选择和提高参保者缴费遵从度；其次，对税务部门而言，有必要修订和完善《税收征收管理法》及相关规章制度，增加涉及社会保险费征收管理的专门条款，明确税务部门在社会保险费征管中的核定权、征收权与稽核权。通过法律法规的完善，进一步明确税务部门和社会保险部门在申报、核定和征缴过程中的责、权、利，实现征收和管理过程有法可依，为实现社会保险费规范的"税式征管"提供法律依据；最后，在"有法可依"的基础上进一步落实"有法必依、违法必究"。在理顺各主体责任和顺利完成职能交接的基础上，征收政策落实时要依法加强税务部门征收保费的强制力，对各类企业和参保人一视同仁，不折不扣地执行政策规定的缴费基数和费率，定时、不定时地对参保对象的信息进行监督稽核，减少征收机构和参保单位的道德风险，并对违反规定、少缴、漏缴的行为给予相应的处罚。同时，值得重视的是，在法律层面应该明确税务机构使用纳税人信息的权限和约束性，确保纳税人信息的安全性。

第二节　科学制定社会保险缴费标准

科学的社会保险缴费标准是社会保险费顺利征收的前提，而社保费由税务征收又反过来"倒逼"社保制度改革，制定更加合理的保费标准。过高的费率会影响参保主体和企业缴费的积极性，少报、漏报社会保险费的现象时有发生，缩小了社会保险费基，增加了征缴难度，无法实现广覆盖的目标，也不利于经济发展；费率过低则达不到分担风险、保障基本生活的目标，也难以实现制度可持续发展。因此，在社会保险费征管中需要进一步通过保险精算，准确测算社保费基、费率和缴费上下限，并针对雇员、自雇者、灵活从业者和居民等各种从业状态细化分类，分别建立适应其需求的缴费标准，以实现全民参保和制度的公平性。同时，根据经济发展和收入水平的变化，在稳征收的同时建立科学的社保缴费动态调整机制。一方面，继续深化减税降费政策，并同步推进社保费征管体制调整的配套改革，根据国家政策规定和社保发展的需要，进一步将降低养老保险、工伤保险和失业保险名义费率的措施落到实处，适度减轻企业缴费负担，增强其参保缴费积极性；另一方面，科学核定社保个人缴费基数和企业用工情况，做实和扩大社会保险费基，扩展社会保险参保范围，改变"高费率、窄税基、宽征管"的制度现状，提高实际征收率，形成"低费率、宽税基、严征管"的良性循环，切实降低企业负担，保障参保者权益，为落实社会保险费的税式征收体制创造良好的制度环境，实现国家、企业和参保个人多方共赢。

具体而言，首先，在社保费率尚未下调到位之前，对社保费实行核定费基征收，降低征收难度；其次，在逐步下调社保费率的过程中，相应提高核定工资基数，直至接近实际费基，确保征收稳步推进；再次，要在"下调费率、减税降费"与"做实税基、据实征收"的逐步推进过程中，实行分阶段联动、滚动调整，直至完全过渡到依照法律法规和政策规定据实征收；最后，滚动调整实行"一省一策"，凡调整到位或基本到位的省份，可转入据实、规范征收，逐渐实现全省、全国政策的统一化。除了降低费率外，应进一步强化缴费和待遇间的关联度，并让参保者明确其待遇水平，提升参保后的预期，从而提高参保人主动参保的积极性，倒逼企业加强缴费。

第三节　规范社会保险征管程序

税务部门征收社会保险费需要借鉴非税部门征收社保费的经验教训，按照税式征管的要求，进一步规范和完善社保费的征管程序和申缴方法。第一，规范社会保险参保登记与缴费申报。明确社会保险各险种参保登记和申报的时间、地点和渠道，企业在税务部门办理税务登记的同时应该办理社会保险参保登记，在进行其他税费缴纳申报的同时申报社会保险费，有工作单位的个人应积极督促雇主参保登记和申报缴费，针对自雇者、灵活从业者和居民设定明确的缴费方式和时间。针对参保者建立便捷的信息查询系统，通过统一的身份证信息作为登记和信息查询的依据；第二，明确社会保险费征缴流程和缴费时间。构建完整的征缴流程，并形成通俗易懂的征缴指南，明确社保费缴纳时间和标准，方便各类人群查看，及时向社会成员通报纳税或缴费的结果，超过规定时间尚未缴纳且无正当理由者需给予罚款罚息；第三，税务部门可以企业所得税和个人所得税为依据，在企业、单位设立专门统一的工资核算和支付系统，详细地列出社保缴费明细，全面、真实、准确地核定社会保险缴费基数，便于雇佣双方查询，在此需进一步明晰税务部门在基数核定中的责任；第四，职工基本养老保险和基本医疗保险实行现收现付和账户积累相结合的财务模式，并通过统筹账户和个人账户相结合的方式进行财务管理，因而在保费征收过程中应进行分账管理、按实征收；第五，强化社会保险征收检查、社保费缴纳的风险管理和税务稽查工作，将社会保险参保缴费纳入税务部门年审项目和税务稽查范围，建立社保费以及与之配套的两税或费"融合报税系统"，形成与个人所得税"同申报、同征管、同稽查"的联动征管机制，并对少报、漏报现象给予严肃处理；第六，加强社保费缴费服务工作。在征管体制转换的现阶段，特别要重视通过各类电视、报纸、广播、会议等方式加大税务部门征收社会保险费的宣传力度，为缴费人提供全方位、全流程、多渠道、社会化的纳税服务，让企业和社会成员对社保有更加深刻的认识，明确社保对未来抵御各类风险的重要意义，提高社会成员参保缴费意识和对制度发展的信心。同时，建立信息公示公开平台，注重征管和缴费服务的信息反馈，及时解决申报、征缴中的矛盾和问题。要格外重视城乡中低收入群体，尤其是老年人的社保缴费问题，尽可能为他们提供周到贴心，甚至"一对一"的申报缴费服务。在完善征收程序的同时，还需进一步重视城镇职工社保强制性参保与城乡居民社保自愿性参保的差异，即对职工社保费需依法强制征收，对居民养老和医疗保险的征收则应通过更加合理的政策措施，助推其积极参保缴费。

第四节　完善税务机构设置和人才队伍建设

社会保险费顺利征管离不开良好的机构设置和专业的人才队伍建设，目前，我国税务系统内部的征管机构设置和税务人员素质还不能完全适应社保费征管体制改革的需要，不能适应社保缴费服务的要求，需要从机构设置和人才队伍建设方面进一步提升税务机构征收社保费的能力。第一，健全社保费征管机构设置，在吸收其他税费征收的经验基础上，建立适合各地需求的征管机构，在社保费征收任务较重的城市（如市、县两级）设立具有独立执法权的社保费征收局或专业的机构，集中业务、集中人力、集中精力，专司社保费的征管与服务职责，切实解决企业和参保人的各类参保负担和顾虑，降低缴费成本；第二，加强基层社保征管队伍建设，要适当增加社会保险费征收人员编制，扩大征管人才队伍，增强征管部门用人灵活性，提高补助资金的使用效率，加强人员考核评估，基于从业者可能存在的道德风险建立激励机制，提升工作人员的积极性和主动性；第三，加强人才队伍的专业建设，提供必要的专业知识培训和业务技能培训，全面提高征收和服务人员的业务能力、业务流程、软件操作熟练度的同时，通过线上线下相结合的方式提供参保缴费的专业知识宣传和答疑，增加征收人员与参保方之间沟通的便捷性。

第五节　强化信息系统和征缴渠道建设

完善的信息系统和便捷的征缴渠道是社会保险费征缴体制改革顺利推开的重要基础，应加强社保费征管中的"信息管费"建设。长期以来，税费征缴是一项业务量大、手续复杂、细节性强的工作，税务部门工作负荷大，增加社会保险费征缴职责后也会进一步增加业务量，这就需要利用现代信息技术提高工作效率。首先，建立信息共享一体化网络体系，推进财政、税务、社会保险、银行、工商、公安等部门信息对接与共享，进一步统一各部门信息统计口径，减少不同部门的重复工作，帮助征管部门多渠道获得企业和参保人员信息，促进费源管理和过程监控，确保缴费基数和人数的准确性，实现应保尽保；其次，加快建立包含社保费征管功能的电子税务局，扩展征缴渠道。为缴费者提供手机端与电脑端、线上与线下的社保费申报、缴纳、查询、政策解答等多种服务功能，通过自主营业厅实现一键缴费、快捷缴费等功能，提高操作方便性和快捷性，特别是要加快社保费申报缴纳的电子化和信息处理自动化；最后，探索"一站式"业务办理方式。通过电子数据库促使社保和税务部门对参保缴费信息一致性进行对比，包括雇佣人数、工资总额、所得税等，努力实现社保费申报缴纳业务的全国范围直办或通办，切实提高缴费便利度和获得感。在"一站式"业务办理平台上除了参保缴费相关信息外，还应向参保者提供待遇及支付的相关信息，使参保者及时了解参保可以带来哪些好处以及待遇的水平如何，提高参保者对保险待遇的预期，从而助推参保者更积极参保缴费。

第六节　加强管理部门间的协同共治

社会保险征管体制改革后，部门与部门之间、上级与下级之间有必要协调管理，需要加强税务与其他涉保管理部门之间的协同共治。首先，税务部门和社会保险部门、医保部门之间有不同的管理职责，需要加强部门之间的沟通与协作。税务部门主要负责社会保险征收管理，包括受理申报缴费，计算或核定工资基数，对社会保险缴费进行检查与处罚等环节，税务部门可通过税收管理充分发挥征收优势，强化社保费的征收；社会保险和医保部门主要负责社会保险的其他经办管理，如参保建档、待遇水平的确定、待遇核定与支付、基金运营的监管等，长期以来，社会保险部门在经办管理过程中积累了经验教训。因此，税务部门与社会保险和医保部门之间需要加强沟通联系，建立部门之间常态化信息共享和对账机制，实现信息互通与共享，共同解决征管过程中存在的问题或困难。其次，中央和地方政府之间、省市县各级政府之间也需要进一步明确社会保险征管的事权与支出责任，适当提高社会保险的统筹层次，明确各统筹层次下的政府职责，发挥不同层次政府的优势，如地方政府对基层的信息优势和中央政府统筹协调优势，促进不同层级政府间的协同与分工。最后，促进财政、卫生、公安、检察院等机构对社会保险征缴、基金运营、资金使用和相关服务机构（如医疗机构、药店等）的多元化管理，提供便利的监督举报渠道和途径，并对违反相关法律政策规定的行为进行必要的通报和处罚，实现多部门协同共治。

除此之外，改革过渡期有关的特殊问题还需具体处理。第一，保险缴费政策不统一。目前，全国有 2000 多个统筹区，它们在保险的统筹层次和统筹政策方面存在较大差异，势必与全国或全省统一的税务征收体制和征管办法产生不协调。解决这一矛盾的思路是，在体制过渡阶段，要坚持"以稳为主、逐步规范"的原则，按照"先接征管、不碰政策、因地制宜、平稳过渡"的办法，妥善处理好不同统筹区的社保费缴费政策问题；第二，对于原征收单位迁移数据的处理方法，税务部门可分两种情况处理：对于正常的可用数据，可直接拷入或组织人工录入金税系统，并做好与原征收单位之间的数据核实、校对、甄别和调整工作；对过去发生的社保费短缴少缴、漏缴欠缴，以及抗拒不缴所形成的遗留问题，采取"以简单对复杂"的方法，实行"数据打包"，挂账处理，留待今后按政策规定解决。

总结与展望

社保费征管体制调整是涉及国家财税、社保治理体系的一项重大改革，能否有效地推进和完成这项改革，实现征收主体的顺利转换和征收过程的平稳接续，关系着我国社会保险制度的稳定性和可持续性发展。我国现行社保费征管制度还存在着主体责任不明、征管程序不清和征管力度不足等问题，将社保费交由税务部门统一征管，对于完善社会保险费和税收征管体制，增强税收在国家治理中的基础性、支柱性和保障性作用，有着重大意义。

本研究首先明确了社会保险费征管主体改革的背景、目的及意义，对社会保险筹资形式相关文献进行回顾，对保费征管模式及效果的文献进行系统梳理，明确现有研究的特点和可能存在的不足，提出本研究的主要思路和重点内容；第二，分析社会保险筹资及征管模式的形成、类型及特点，从理论视角分析社会保险强制征缴的依据，基于逆向选择和道德风险分析社保征管过程中的激励设计，征管方式转变对经济发展的影响及对社会治理的重要意义；第三，在分析社会保险制度模式、筹资形式及其特点的基础上，立足国情和现实，分析我国社保征管方式的演变过程和主要形式，总结了不同部门征管的优点与弊端，并运用 SWOT 分析法探讨税务机构征收社保费的优势与不足、面临的机遇与挑战；第四，分析国外社会保险税费征管的过程，重点分析代表性国家征收对象、标准、程序和管理措施，并归纳代表性国家社会保险税费征管对我国的经验借鉴；最后，基于理论分析、实现分析和国际比较，提出了我国社保费征管的措施和建议。

尽管本研究对国内外社会保险税费征缴的过程进行了深入探索，尤其是理清国内外社会保险税费征收模式和过程，但由于我国社保征管主体改革进行的时间较短，受各种主客观因素的影响，其推进过程和实施效果仍然有待进一步探究分析，尤其是需要在制度运行一定时间后增加社会调查和数据分析，通过量化分析的方法论证税务机构征收的有效性，这也是未来值得深入研究的重要方面。

附录：社会保险费征管相关政策目录

一、全国性政策

1. 中华人民共和国社会保险法（中华人民共和国主席令第 35 号）

2. 社会保险费征缴暂行条例（国务院令第 259 号）

3. 国家统计局关于工资总额组成的规定（国家统计局令第 1 号）

4. 国家统计局关于认真贯彻执行《关于工资总额组成的规定》的通知（统制字〔1990〕1 号）

5. 社会保险费申报缴纳管理规定（中华人民共和国人力资源和社会保障部令第 20 号）

6. 社会保险费征缴监督检查办法（中华人民共和国劳动和社会保障部令第 3 号）

7. 国务院关于建立统一的企业职工基本养老保险制度的决定（国发〔1997〕26 号）

8. 国务院关于建立城镇职工基本医疗保险制度的决定（国发〔1998〕44 号）

9. 失业保险条例（国务院令第 258 号）

10. 工伤保险条例（中华人民共和国国务院令第 586 号）

11. 国家税务总局关于税务机关征收社会保险费工作的指导意见（国税发〔2002〕124 号）

12. 社会保险稽核办法（中华人民共和国劳动和社会保障部令第 16 号）

13. 国家税务总局关于切实加强税务机关社会保险费征收管理工作的通

知（国税发〔2005〕66 号）

14. 国家税务总局关于进一步加强税务机关征收社会保险费欠费管理和清缴工作的通知（国税发〔2006〕140 号）

15. 劳动和社会保障部社会保险事业管理中心关于规范社会保险缴纳基数有关问题的通知（劳社险中心函〔2006〕60 号）

16. 国家税务总局关于加强社会保险费收入统计和分析工作的通知（国税函〔2010〕158 号）

17. 国家税务总局关于切实加强税务机关社会保险费征收管理工作的通知（国税发〔2005〕66 号）

18. 社会保险费申报缴纳管理规定（中华人民共和国人力资源和社会保障部令第 20 号）

19. 国家税务总局关于进一步推进税务机关征收社会保险费三方联网建设的意见（税总发〔2014〕142 号）

20. 国家税务总局关于进一步加强社会保险费费源管理的意见（税总发〔2015〕43 号）

21. 国家税务总局关于印发《税务机关征收社会保险费及其他基金规费管理类文书式样》的通知（税总发〔2015〕160 号）

22. 中共中央办公厅、国务院办公厅印发《深化国税、地税征管体制改革方案》（国务院公报 2016 年第 1 号）

23. 人力资源社会保障部、财政部关于阶段性降低社会保险费率的通知（人社部发〔2016〕36 号）

24. 国家税务总局办公厅关于稳妥有序做好社会保险费征管有关工作的通知（税总办发〔2018〕142 号）

25. 中共中央办公厅、国务院办公厅印发《国税地税征管体制改革方案》（2018）

26. 人力资源社会保障部办公厅关于贯彻落实国务院常务会议精神切实做好稳定社保费征收工作的紧急通知（人社厅函〔2018〕246 号）

27. 国务院办公厅关于印发降低社会保险费率综合方案的通知（国办发〔2019〕13 号）

二、地方性政策

28. 《北京市社会保险费征缴若干规定》（北京市人民政府令第 130 号）

29. 国家税务总局、北京市税务局《关于征收机关事业单位和城乡居民社会保险费的通知》（2018 年 12 月 31 日）

30. 北京市人力资源和社会保障局、北京市财政局、国家税务总局北京市税务局、北京市医疗保障局《关于企业社会保险费交由税务部门征收的公告》（京人社发〔2020〕18 号）

31. 《福建省社会保险费征缴办法》（福建省省政府令第 58 号）

32. 福建省劳动和社会保障厅、福建省地方税务局《关于做好社会保险费由地方税务机关征收后社会保险有关工作的通知》（闽劳社〔2001〕4 号）

33. 国家税务总局福建省税务局、福建省人力资源和社会保障厅、福建省医疗保障局《关于社会保险费交由税务部门征收的公告》（福建省税务局公告〔2018〕37 号）

34. 甘肃省人民政府关于贯彻国务院《社会保险费征缴暂行条例》有关问题的通知（甘政发〔1999〕61 号）

35. 广西壮族自治区劳动厅关于印发《广西壮族自治区社会保险费申报缴纳管理实施办法》的通知（桂政劳办字〔1999〕40 号）

36. 国家税务总局广西壮族自治区税务局、广西壮族自治区人力资源和社会保障厅、广西壮族自治区医疗保障局《关于机关事业单位和城乡居民社会保险费交由税务部门征收的公告》（国家税务总局广西壮族自治区税务局公告 2018 年第 24 号）

37. 国家税务总局广西壮族自治区税务局、广西壮族自治区人力资源和社会保障厅、广西壮族自治区医疗保障局《关于城乡居民基本医疗保险费交由税务部门征收的公告》（2018 年 12 月 29 日）

38. 广西壮族自治区人力资源和社会保障厅、广西壮族自治区财政厅、国家税务总局广西壮族自治区税务局、广西壮族自治区医疗保障局《关于企业社会保险费交由税务部门征收的通告》（桂人社发〔2020〕12 号）

39. 贵州省人民政府关于贯彻实施国务院《社会保险费征缴暂行条例》

有关问题的通知（黔劳厅发〔1999〕30号）

40. 国家税务总局贵州省税务局、贵州省财政厅、贵州省人力资源和社会保障厅、贵州省医疗保障局、贵州省卫生健康委员会《关于机关事业单位和城乡居民社会保险费交由税务部门征收的公告》（国家税务总局贵州省税务局公告2018年第41号）

41. 国家税务总局贵州省税务局、贵州省财政厅、贵州省人力资源和社会保障厅、贵州省医疗保障局、关于企业社会保险费交由税务部门征收的公告（国家税务总局贵州省税务局公告2020年第19号）

42. 《海南省人民政府关于修改〈海南省社会保险费征缴若干规定〉的决定》（海南省人民政府令第269号）

43. 《海南省社会保险费征缴若干规定》（海南省人民政府令第141号）

44. 《河北省社会保险费征缴暂行办法》（河北省人民政府令〔2001〕第25号）

45. 《河北省社会保险费征缴暂行办法实施细则》（冀地税发〔2002〕19号）

46. 河南省人民政府办公厅关于贯彻落实《社会保险费征缴暂行条例》有关问题的通知（豫政办〔1999〕35号）

47. 河南省《关于进一步加强协调配合共同做好社会保险费征缴工作的通知》（豫劳社〔2001〕28号）

48. 河南省人民政府《关于改革社会保险费征缴体制加强社会保险费征缴管理的通知》（豫政〔2016〕77号）

49. 河南省人民政府《关于社会保险费改由地方税务机关征收的通告》（2016年12月12日）

50. 《黑龙江省社会保险费征缴办法》（黑龙江省人民政府令〔2000〕）

51. 《湖北省社会保险费征缴管理办法》（湖北省人民政府令2002年第230号）

52. 湖南省人民政府关于扩大社会保险覆盖范围加强基金征缴工作的通知（湘政发〔1999〕13号）

53. 《湖南省实施〈社会保险费征缴暂行条例〉办法》（湖南省人民政府令第142号）

54. 湖南省国家税务总局、湖南省税务局、湖南省人力资源和社会保障厅、湖南省医疗保障局《关于机关事业单位和城乡居民社会保险费交由税务部门征收的公告》（2018 年第 22 号）

55. 湖南省人力资源和社会保障厅、湖南省财政厅、国家税务总局湖南省税务局、湖南省医疗保障局《关于企业社会保险费和机关事业单位职业年金交由税务部门征收的公告》（湘人社规〔2020〕21 号）

56. 吉林省劳动厅、吉林省社会保险公司关于贯彻两个条例扩大社会保险覆盖范围加强基金征缴工作的通知（吉劳发字〔1999〕9 号）

57. 国家税务总局吉林省税务局、吉林省人力资源和社会保障厅、吉林省医疗保障局、吉林省社会保险事业管理局《关于机关事业单位和城乡居民社会保险费交由税务部门征收的公告》（2018 年第 13 号）

58. 吉林省人社厅财政厅国税局医保局社保局《关于全省企业社会保险费交由税务部门征收的公告》（2020 年 10 月 30 日）

59. 江苏省政府办公厅关于社会保险费改由地方税务部门征收的通知（苏政办发〔2000〕56 号）

60. 江苏省社会保险费征缴条例（2003 年 12 月 19 日江苏省第十届人民代表大会常务委员会第七次会议通过）

61. 江苏省人民代表大会常务委员会关于修改《江苏省社会保险费征缴条例》的决定（2012 年 1 月 12 日）

62. 国家税务总局江西省税务局、江西省人力资源和社会保障厅、江西省医疗保障局《关于机关事业单位和城乡居民社会保险费交由税务部门征收的公告》（2018 年第 25 号）

63. 江西省人力资源和社会保障厅、江西省财政厅、国家税务总局、江西省税务局、江西省医疗保障局《关于企业社会保险费交由税务部门征收的公告》（2020 年 10 月 30 日）

64. 辽宁省社会保险费征缴规定（辽宁省人民政府令第 116 号）

65. 辽宁省地方税务局关于印发《辽宁省社会保险费征缴规定实施细则》的通知（辽地税发〔2000〕27 号）

66. 内蒙古自治区人民政府关于全区社会保险费由税务部门征缴的通知（内政发〔2000〕127 号）

67. 内蒙古自治区人民政府关于印发《内蒙古自治区社会保险费税务征缴暂行办法》的通知（内政字〔2000〕272号）

68. 《青海省社会保险费征收暂行办法》（青政〔2000〕114号）

69. 青海省人民政府办公厅关于进一步明确各有关部门社会保险费征缴工作职责（试行）的通知（青政办〔2003〕23号）

70. 国家税务总局山东省税务局、山东省人力资源和社会保障厅、山东省医疗保障局《关于机关事业单位和城乡居民社会保险费交由税务机关征收的公告》（2018年12月26日）

71. 国家税务总局山东省税务局、山东省人力资源和社会保障厅、山东省财政厅、山东省医疗保障局《关于企业社会保险费交由税务部门征收的公告》（2020年10月30日）

72. 山西省人民政府关于贯彻实施《社会保险费征缴暂行条例》和《失业保险条例》有关问题的通知（晋政发〔1999〕13号）

73. 国家税务总局山西省税务局《关于征收机关事业单位和城乡居民社会保险费的公告》（国家税务总局山西省税务局公告2018年第21号）

74. 山西省人力资源和社会保障厅、山西财政厅、国家税务总山西省税务山西省医疗保障局《关于企业社会保险费交由税务部门征收的公告》（2020年10月30日）

75. 《陕西省税务征缴社会保险费实施细则》（陕地税发〔2000〕67号）

76. 陕西省人民政府关于印发税务征缴社会保险费暂行办法的通知（陕政发〔2000〕11号）

77. 《上海市城镇职工社会保险费征缴若干规定》（2000年上海市人民代表大会常务委员会公告第42号）

78. 《上海市社会保险费征缴实施办法》（2002年上海市人民政府令第117号）

79. 《上海市关于企业社会保险费交由税务部门征收的公告》（2020年10月30日）

80. 四川省人民政府关于贯彻实施《社会保险费征缴暂行条例》的通知（川府发〔1999〕19号）

81. 四川省人民政府关于机关事业单位基本养老保险费和城乡居民社会

保险费交由税务机关征收的公告（2018年12月27日）

82. 国家税务总局四川省税务局、四川省人力资源和社会保障厅、四川省财政厅、四川省医疗保障局《关于企业社会保险费划转税务部门征收的公告》（国家税务总局四川省税务局公告2020年第10号）

83. 《天津市社会保险费征缴若干规定》（津政发〔2004〕59号）

84. 国家税务总局天津市税务局、天津市人力资源和社会保障局、天津市医疗保障局《关于城乡居民社会保险费交由税务机关征收的公告》（2018年12月28日）

85. 天津市人力资源和社会保障局、国家税务总局天津市税务局、天津市医疗保障局、天津市财政局《关于企业社会保险费交由税务部门征收的公告》（津人社局发〔2020〕23号）

86. 国家税务总局西藏自治区税务局《关于机关事业单位和城乡居民社会保险费交由税务部门征收的公告》（国家税务总局西藏自治区公告2018年第14号）

87. 西藏自治区人力资源和社会保障厅关于实施五险统一征缴的通知（2017年4月13日）

88. 西藏自治区人力资源和社会保障厅、自治区税务局、自治区财政厅、自治区医疗保障局《关于企业社会保险费交由税务部门征收的公告》（2020年10月30日）

89. 新疆维吾尔自治区关于贯彻《社会保险费征缴暂行条例》的通知（新政发〔1999〕18号）

90. 新疆国家税务总局、新疆维吾尔自治区税务局、新疆维吾尔自治区人力资源和社会保障厅、新疆维吾尔自治区医疗保障局《关于机关事业单位和城乡居民社会保险费交由税务部门征收的公告》（2018年12月29日）

91. 新疆维吾尔自治区关于企业和个体灵活就业人员社会保险费交由税务部门征收的公告（新疆维吾尔自治区税务局公告2020年第10号）

92. 云南省地方税务局《关于进一步做好社会保险费征管工作的通知》（云地税规字〔2002〕7号）

93. 云南省人民政府关于印发《云南省社会保险费统一征收试行办法》的通知（云政发〔2003〕36号）

94. 云南省社会保险费征缴条例（2006 年 9 月 28 日）

95. 云南省地方税务局《关于社会保险费征缴工作具体问题的通知》（云地税发〔2006〕237 号）

96. 云南省人民政府《关于贯彻实施云南省社会保险费征缴条例的意见》（云政发〔2006〕190 号）

97. 浙江省社会保险费征缴办法（省政府令第 188 号）

98. 重庆市人民政府《关于贯彻社会保险费征缴暂行条例扩大社会保险覆盖范围提高社会保险费征缴率的通知》（渝府发〔1999〕33 号）

99. 重庆市社会保险统一征缴管理工作规范通知（渝人社发〔2011〕163 号）

参考文献

（一）中文参考文献

［1］李超民．美国社会保障制度［M］．上海人民出版社，2014.

［2］罗森、盖亚（著），郭庆旺（译）．财政学［M］．中国人民大学出版社，2015.

［3］穆怀中．社会保障国际比较（第三版）［M］．中国劳动社会保障出版社，2017.

［4］严妮．生产与提供分离：我国医疗卫生服务供给模式研究［M］．湖北人民出版社，2018.

［5］周弘．125国（地区）社会保障资金流程图［M］．中国劳动社会保障出版社，2011.

［6］周弘．50国（地区）社会保障机构图解［M］．中国劳动社会保障出版社，2011.

［7］曹春．社会保障筹资机制改革研究［D］．财政部财政科学研究所，2012.

［8］房连泉．智利社保基金投资与管理［D］．中国社会科学院研究生院，2006.

［9］潘常刚．社会保障缴款征管能力研究——基于不同征管主体的视角［D］．中南财经政法大学，2018.

［10］艾希繁，周刚志．法治视角的社会保险费征收体制改革研究［J］．湖南大学学报（社会科学版），2019，33（03）.

［11］白小平，靳彤彤．中国社会保险费征缴机制的发展历程与展望［J］．中州学刊，2021（01）.

［12］曾益，李晓琳，杨思琦．征收体制改革、养老保险缴费率下调空间与企业缴费负担［J］．经济科学，2020（02）．

［13］程欣，邓大松．社保投入有利于企业提高劳动生产率吗？——基于"中国企业—劳动力匹配调查"数据的实证研究［J］．管理世界，2020，36（03）．

［14］邓大松．论中国社会保障"税收"制度改革［J］．武汉大学学报（哲学社会科学版），1997（02）．

［15］董树奎．对我国社会保险费征收管理体制的分析［J］．税务研究，2001（11）．

［16］高培勇．社会保险费应变"费"为"税"［J］．经济，2012（12）．

［17］高新宇，齐艺．对社会保险费征收模式改革的评价与建议［J］．税务研究，2020（06）．

［18］何文炯．社会保险费征缴：体制改革与法制完善［J］．探索，2020（03）．

［19］胡鞍钢．中国新政奠基石——关于建立全国统一基本社会保障制度、开征社会保障税的建议［J］．财经界，2001（09）．

［20］胡继晔．费改税：社会保障制度更加公平可持续的重要一环［J］．财政科学，2016（12）．

［21］贾康．从国家最高利益出发考虑社保管理体系框架选择［J］．财政研究，2007（11）．

［22］蓝相洁．项目式还是对象式——社会保障税设置模式比较及其选择［J］．河北经贸大学学报，2014，35（02）．

［23］李波，苗丹．我国社会保险费征管机构选择——基于省级参保率和征缴率数据［J］．税务研究，2017（12）．

［24］李菲，翟雪峰．关于提高我国社保费征收效能的国际借鉴研究［J］．国际税收，2018（02）．

［25］李绍光．社会保障税与社会保障制度优化［J］．经济研究，2004（08）．

［26］李新，蒋越，徐微．社保征收机构对企业成本加成率的影响研究

[J]. 宏观经济研究, 2020 (08).

[27] 李运华, 殷玉如. 中国社会保险基金税费结合征收模式探讨——以养老保险基金的筹集为例 [J]. 理论月刊, 2014 (11).

[28] 李珍, 孙永勇. 新加坡中央公积金管理模式及其投资政策分析 [J]. 东北财经大学学报, 2004 (04).

[29] 刘剑文. 社会保险资金筹集方式的利弊比较 [J]. 税务研究, 2007 (10).

[30] 刘军强. 资源、激励与部门利益: 中国社会保险征缴体制的纵贯研究 (1999—2008) [J]. 中国社会科学, 2011 (03).

[31] 刘明勋. 美国社会保障税探析 [J]. 国际税收, 2009 (09).

[32] 刘小兵. 中国社会保障税的制度设计及其释义 [J]. 财贸经济, 2001 (09).

[33] 刘义圣, 陈昌健. 社会保障费税改革: "范式" 选择与阙疑 [J]. 社会科学研究, 2016 (04).

[34] 刘植才, 杨文利. 开征社会保障税的理论依据及现实意义 [J]. 税务研究, 2011 (02).

[35] 鲁於, 冀云阳, 杨翠迎. 企业社会保险为何存在缴费不实——基于财政分权视角的解释 [J]. 财贸经济, 2019, 40 (09).

[36] 马国强, 谷成. 中国开征社会保障税的几个基本问题 [J]. 财贸经济, 2003 (05).

[37] 马一舟, 王周飞. 税务机关征收社会保险费回顾与前瞻 [J]. 税务研究, 2017 (12).

[38] 潘楠. 我国社会保险缴费激励措施的优化路径——基于社会保险缴费遵从研究 [J]. 宏观经济管理, 2017 (S1).

[39] 庞凤喜, 于晶. 论社会保障税开征必须考虑的因素 [J]. 税务研究, 2006 (12).

[40] 庞凤喜. 我国社会保险税开征相关问题研究 [J]. 管理世界, 2002 (11).

[41] 彭雪梅, 刘阳, 林辉. 征收机构是否会影响社会保险费的征收效果?——基于社保经办和地方税务征收效果的实证研究 [J]. 管理世界,

2015（06）.

［42］蒲晓红. 我国社会保障税的征缴模式及税率选择［J］. 经济理论与经济管理，2000（06）.

［43］秦立建，胡波，苏春江. 对社会保险费征管的公共政策外部性理论审视——基于中小企业发展视角［J］. 税务研究，2019（01）.

［44］任宛立. 税务机关全责征收社会保险费：制度障碍及其破解之道——一个权责配置的视角［J］. 华中科技大学学报（社会科学版），2020，34（03）.

［45］史正保，李智明. 论费改税视角下我国社会保障税的开征［J］. 西北人口，2014，35（02）.

［46］隋焕新. 澳大利亚税收征管制度及信息化建设的启示与借鉴［J］. 税收经济研究，2014，19（01）.

［47］唐霁松. 社会保险费统一征收应早落地［J］. 中国社会保障，2017（05）.

［48］唐珏，封进. 社会保险缴费对企业资本劳动比的影响——以21世纪初省级养老保险征收机构变更为例［J］. 经济研究，2019，54（11）.

［49］唐庆. 论俾斯麦时代德国社会保险制度的创建［J］. 江汉大学学报（社会科学版），2011，28（05）.

［50］汪德华. 税务部门统一征收社会保险费：改革必要性与推进建议［J］. 学习与探索，2018（07）.

［51］王桦宇，李想. 税务机关征收社会保险费的误区及其澄清［J］. 税务研究，2019（06）.

［52］王显和，宋智江，马宇翔. 我国社会保险费征管模式效率分析与改革路径选择［J］. 税务研究，2014（05）.

［53］王延中，宁亚芳. 我国社会保险征费模式的效果评价与改革趋势［J］. 辽宁大学学报（哲学社会科学版），2018，46（03）.

［54］王增文，邓大松. "费改税"——软环境与硬制度下社会保障筹资模式研究［J］. 理论探讨，2012（05）.

［55］吴文芳. 社会保障费与税之关系的基础理论探究［J］. 税务研究，2014（07）.

［56］吴笑晗，周媛. 社会保险"费改税"的思考：基于疫情影响下就业形势［J］. 税务研究，2020（06）.

［57］辛正平，徐明吉，冀超，许建国. 当前社会保险费征管中存在的问题及对策［J］. 税务研究，2020（09）.

［58］许建国. 社会保险"费改税"的利弊分析及改革设想［J］. 税务研究，2001（04）.

［59］薛惠元. 对我国现阶段社会保障费改税的质疑［J］. 财会月刊，2006（08）.

［60］杨翠迎，程煜. 理性看待社保征缴体制改革的政策效果［J］. 社会保障研究，2019（01）.

［61］杨燕绥，朱祝霞. 社会保障税的税源与税率研究——基于 2010—2050 年人口预测数据［J］. 财贸研究，2011，22（06）.

［62］杨宜勇，韩鑫彤. 关于中国建立社会保障税的政策构想［J］. 税务研究，2018（09）.

［63］元林君. 我国社会保险费征缴体制现状、问题与改革趋势［J］. 科学经济社会，2018，151（02）.

［64］臧建文，丁文灵，孙贺晨，张平喜. 企业减税趋势下：当前社会保险费改税的精算平衡问题研究［J］. 财政监督，2019（03）.

［65］张斌. 减税降费的理论维度、政策框架与现实选择［J］. 财政研究，2019（05）.

［66］张成松，杨复卫. 经办机构协助社保费征管的证立与运行保障［J］. 税务研究，2019（04）.

［67］张欢. 中国社会保险逆向选择问题的理论分析与实证研究［J］. 管理世界，2006（02）.

［68］张乐天. 我国社会保险费征收效果对比分析［J］. 公共财政研究，2021（01）.

［69］张雷. 社会保险费征收体制的效率比较分析［J］. 社会保障研究，2010（01）.

［70］张盈华，李清宜. 社会保险费征缴管理的总体评价与个案差别——基于两主体征收效率的比较［J］. 华中科技大学学报（社会科学

版），2019，33（03）.

［71］张智. 社会保险费征管中存在的问题及对策［J］. 税务研究，2019（04）.

［72］郑秉文，房连泉. 社会保障供款征缴体制国际比较与中国的抉择［J］. 公共管理学报，2007（04）.

［73］郑秉文. 社会保险费"流失"估算与深层原因分析——从税务部门征费谈起［J］. 国家行政学院学报，2018（06）.

［74］郑春荣，王聪. 我国社会保险费的征管机构选择——基于地税部门行政成本的视角［J］. 财经研究，2014，40（07）.

［75］郑功成. 推进我国社会保障改革的几点思考［J］. 中国软科学，2001（04）.

［76］朱建文. 我国社会保障税制的设计构想［J］. 税务研究，2005（10）.

［77］朱铭来，申宇鹏，高垚. 社保征缴体制改革的增收效应和降费空间——基于城镇职工基本医疗保险省际面板数据的分析［J］. 社会保障研究，2021（02）.

［78］朱青，胡静. 论税务部门征收非税收入的重要意义［J］. 税务研究，2018（08）.

（二）英文参考文献

［79］David Ingles. Rationalising the Interaction of Tax and social Security：Part II：Fundamental Reform Options［M］. Discussion paper NO. 424，November 2000.

［80］Jie T，Li H，Wei Q. Development Environment and Strategic Choice for Rural Endowment Insurance Fee-to-Tax：An Analysis Based on PEST-SWOT Model［M］. Springer Berlin Heidelberg，2015.

［81］Porter M E，Guth C. Redefining German health care，moving to a value-based system［M］. Springer Berlin Heidelberg，2012.

［82］Arrow K J. Uncertainty and the Welfare Economics of Medical Care：Reply（The Implications of Transaction Costs and Adjustment Lags）［J］. American Economic Review，1965，55（1-2）.

[83] Akerlof G A. The Market for "Lemons": Quality Uncertainty and the Market Mechanism [J]. The Quarterly Journal of Economics (3).

[84] Bank W. Collection : Transferring Contributions to Individual Pension Accounts [J]. World Bank Other Operational Studies, 2000.

[85] Barrand P, Ross S G, Harrison G. Integrating a Unified Revenue Administration for Tax and Social Contribution Collections: Experiences of Central and Eastern European Countries [J]. Imf Working Papers, 2004.

[86] Busse R, Blumel M. Germany: Health system review [J]. Health systems in transition, 2014, 16 (2).

[87] Dixon D, C Foster. Integration of the Australian tax and social security systems by a linear tax: problems and benefits [J]. Ch. 6 in J Head Ed. 1983.

[88] Enoff L D, Mckinnon R. Social security contribution collection and compliance: Improving governance to extend social protection [J]. International Social Security Review, 2011, 64 (4).

[89] Ingles D. Integrating taxation and social security [J]. Social Security Journal, December, 1985.

[90] Koen V. 2000. Public Expenditure reform: the health care sector in the United Kingdom [J]. OECD Economics Department Working Papers, 2 (1).

[91] Mcgillivray W. Contribution evasion: Implications for social security pension schemes [J]. in International Social Security Review, 2001, 54 (4).

[92] Peter, Dawkins, David, et al. Towards a Negative Income Tax System for Australia [J]. Australian Economic Review, 1998.

[93] Rice T, Rosenau P, Unruh L Y, et al. The United States health system: transition towards universal coverage [J]. 2013, 19 (3).

[94] Rofman R, Demarco G. Collecting and transferring pension contributions [J]. rafael rofman, 1999.

[95] Rothschild, Stiglitz. Equilibrium in competitive insurance markets: An essay in the economics of incomplete information [J]. Quarterly Journal of E-

conomics, 1976.

[96] Samuelson, Paul A. The Pure Theory of Public Expenditure [J]. Review of Economics & Statistics, 1954, 36 (4).

[97] Samuelson P A. Diagrammatic Exposition of A Theory of Public Expenditure [J]. Review of Economics & Statistics, 1955, 37 (4).

[98] Sinchul, Jang. The Unification of the Social Insurance Contribution Collection System in Korea [J]. Oecd Social Employment & Migration Working Papers, 2007.

[99] Stanovnik T. Contribution compliance in central and eastern European countries: Some relevant issues [J]. 2004, 57 (4).

[100] Turner B J. Strategies to Reduce Contribution Evasion in Social Security Financing [J]. World Development, 2001.

后　记

为了进一步规范税费征收管理，国务院对国税地税征管体制进行改革，在这一背景下，原来由其他政府部门负责征收的社会保险费和非税收入职责也将统一改由合并后的税务部门进行征收管理。长期以来，我国各地社会保险费由不同部门进行征收，部分地区以社保主管部门所属的职能机构为征收主体，部分地区则以税务部门为征收主体。不同的征收主体各有其优点，但国内外实践证明，税务部门在税费征收方面更具优势。税务部门掌握了更多关于纳税人的信息，有助于提高缴费率；税务部门具备规范的征管程序，有助于降低征管的行政成本；税务部门征收社会保险税费更具强制性，有助于提高缴费的遵从度；税务部门机构设置齐全，有助于提升社保费征缴效率；税务部门征管还有助于更进一步实现社保基金"收支两条线"，强化资金监管力度。

减税降费、国税地税改革和互联网信息化发展为社保费转交税务部门征收带来了机遇，但税务部门征收社保费也还面临一些困境。税务部门征管的立法依据不足，社保费率较高抑制了企业参保缴费的积极性，社保统筹层次低降低了征管的便捷性，经办征管的程序有待进一步规范，征收机构设置、人才队伍和信息化建设有待完善，部门间沟通协作渠道不畅等。同时，税务部门征收社保费可能面临来自参保对象的不配合，地区政策差异化加大了税务机构统一征收的难度，多元化的新就业形态使从业者的社保遵从度降低。

社保费征收主体能否顺利转交，关系着社保的稳定性、财务的可持续性和待遇发放的及时性，也关系着参保单位和个人利益的保障。为了进一步明确我国社保费征缴现状和改革方向，本研究通过文献分析法、历史分析法、比较分析法与案例研究法对国内外社会保险税费征缴体制进行深入研究。首先，对国内外关于社保筹资形式和征缴制度的研究进行梳理归纳，明确现有研究的进展；其次，通过理论分析社会保险税费的性质及强制征收的依据，社保征管中存在的逆向选择、道德风险问题与激励机制，征管体制转变带来的经济影响，以及征管体制建设与社会治理间的关系，明确社保费税式征管的必要性；再次，从我国社会保险制度发展的历程出发，分析征管体制转变过程及历史背景，结合代表性地区的实践和案例，明确社会保险费由税务部门征管的推进进程和现状，并运用 SWOT 分析法分析税务部门征收社保费的优势、劣势、机遇及挑战；然后，从国际视角分析社会保险现有征管体制的构成，并以代表性国家为例，具体分析其征管过程，比较不同征管模式的特点；最后，结合中国的实际和国际经验，提出我国社会保险费征管体制建设与改革的对策建议。

本书以 2019—2020 年国家税务总局重点课题"世界主要经济体社会保险税（费）征管研究"为前期研究基础，通过进一步深入思考和拓展研究，并结合中国的现实状况，形成了对国内外社会保险税费征管制度的全面、系统性分析。对社会保险征管制度的研究离不开对国内外社会保险制度体系的理解，离不开对社会保险经办过程的深入认识，也离不开对现阶段经济、社会、就业等领域发展现状的思考，因而，本研究成果也将为笔者进一步从中国国情和前沿问题探索社会保险制度改革和政策完善提供重要启示和基础。

本书在编写过程中受到了许建国教授的指导和赵亮博士的帮助，在此表示感谢！本书的顺利完成离不开家人的帮助和支持，是你们为我解除了"后顾之忧"！本书还引用了国内外学者相关研究的文献资料，在此一并表示感谢！同时由于笔者认识局限，本书难免存在疏漏或不当之处，敬请广大读者批评指正。

2021 年 11 月